LA SCIENCE ET L'ART EN ÉCONOMIE POLITIQUE

DU MÊME AUTEUR :

I. — OUVRAGES

De la Volonté unilatérale considérée comme source de l'obligation. — (1891, in-8). *Épuisé.*

Précis de Philosophie, d'après les Leçons de Philosophie de M. E. Rabier. — (1891, in-12).

Éléments de Philosophie scientifique et de Philosophie morale. — (1891, in-12).

La Morale de Spinoza, examen de ses principes et de l'influence qu'elle a exercée dans les temps modernes. — *Ouvrage couronné par l'Institut.* (1892, in-12).

Organisme et Société. — (1896, in-8).

De Natura et Methodo Sociologiæ. — (1896, in-8).

II. — BROCHURES ET ARTICLES

La Sociologie (1893). — **Sur la définition de la Sociologie** (1893). — **Essai de classification des Sciences Sociales** (1893). — **La Sociologie et l'Économie politique** (1894). — **L'Organisation scientifique de l'Histoire** (1894). — **Les Théories modernes de la Criminalité** (1894). — **La Science et l'Art en matière sociale** (1895). — **La Sociologie et le Droit** (1895). — **Un Laboratoire de Sociologie** (1895). — **Une Faculté des Sciences Sociales** (1895). — **Les diverses conceptions de la Sociologie** (1896), etc.

III. — RECUEILS

Revue Internationale de Sociologie. — Annales de l'Institut International de Sociologie. — Bibliothèque Sociologique Internationale, publiées sous la direction de M. René Worms.

PETITE ENCYCLOPÉDIE SOCIALE, ÉCONOMIQUE ET FINANCIÈRE

XX

LA SCIENCE ET L'ART

EN

ÉCONOMIE POLITIQUE

PAR

RENÉ WORMS

Agrégé de Philosophie

Docteur ès Lettres, Docteur en Droit, Docteur ès Sciences Politiques et Economiques

Chargé de Conférences d'Economie Politique à la Faculté de Droit de Paris

Directeur de la Revue Internationale de Sociologie

PARIS

V. GIARD & E. BRIÈRE

LIBRAIRES-ÉDITEURS

16, rue Soufflot, 16

1896

INTRODUCTION

Le point que nous nous sommes efforcé d'élucider dans la présente étude ne relève pas de telle ou telle portion spéciale de l'économie politique. Il concerne ce qui constitue logiquement l'introduction générale à cette discipline, c'est-à-dire la définition précise de l'objet et de la méthode de celle-ci. De semblables recherches, loin d'être stériles, sont peut-être, en dépit des apparences, parmi les plus fructueuses : car la condition primordiale de stabilité et de force pour l'édifice économique que notre génération semble vouloir élever, c'est qu'il repose sur des bases d'une résistance éprouvée et inébranlable. Le problème par nous abordé est de ceux dont la solution domine pour ainsi dire toutes les questions économiques particulières. Il se relie, d'autre part, à des problèmes analogues, qui se posent à l'entrée des diverses autres études sociales, voire même sans doute de toutes les études concevables. Pour cette double raison, on comprendra que le procédé employé pour le résoudre ne peut être celui de l'analyse descriptive, si fécond dans les enquêtes sur des points isolés de l'économie sociale, mais bien celui de l'analyse logique, seul applicable dans les travaux ultimes de la philosophie du savoir et de l'action.

CHAPITRE PREMIER

FAUSSE DISTINCTION ADMISF ENTRE LA SCIENCE ET L'ART ÉCONOMIQUES

I

La nécessité de distinguer la science de l'art, dans les études économiques, n'est point encore universellement admise en France (1). Parmi ceux qui la reconnaissent, des divergences s'élèvent sur la portée de cette distinction, que les uns font absolue, que les autres ne veulent admettre que comme relative et provisoire. Mais, ce qui est plus grave encore, l'accord n'existe pas sur le sens même qu'il convient de lui donner. Dans une discussion encore assez récente de la Société d'Éco-

(1) Voir Cauwès, *Cours d'Economie Politique*, 3e éd., tom. I, introduction, 14, C. — Charles Gide, *Principes d'Economie Politique*, 5e éd., notions générales, III.

nomie Politique de Paris, le président de cette importante association, M. Frédéric Passy, l'indiquait de la sorte : « La science procède par formules et par constatations... Elle montre ce qui devrait être ; l'art, quand il est guidé par la science, fait ce qui peut être (1) ».

Quelque respect que nous ayons pour l'autorité de l'éminent économiste qui prononçait ces paroles, nous ne pouvons nous empêcher de trouver cette définition vicieuse. Nous reconnaissons, autant et plus encore peut-être que lui, la nécessité de séparer la science économique de l'art économique ; mais nous les concevons autrement. Ce que M. Frédéric Passy nomme l'art, à savoir l'accommodation des principes généraux de l'action aux circonstances particulières, est simplement pour nous une des formes de la *pratique*. Quant à ce qu'il nomme la science, il nous paraît avoir confondu sous ce vocable unique deux choses que nous croyons bien distinctes, et qui sont à nos yeux : l'une, *l'art* économique véritable, et l'autre, la *science* économique proprement dite.

Comment en effet M. Frédéric Passy n'a-t-il pas

(1) Séance de la Société d'Économie Politique du 5 juin 1894, dans le *Journal des Economistes* du 15 juin 1894, pages 430 et 431.

vu que « procéder par constatations » d'une part, et de l'autre « montrer ce qui devrait être », sont deux opérations, et non une seule? que par constatations on n'atteint que le réel, tandis que par cette seconde sorte d'indications on cherche à poser l'idéal? et que, l'idéal différant toujours et forcément de la réalité (autrement, il n'aurait pas été besoin de l'inventer), c'est à des études distinctes qu'ils doivent logiquement donner naissance ? La terminologie qu'il emploie est donc vicieuse, par excès de simplicité. Il réduit à deux termes ce qui en comporterait trois (1). Attribuant le nom d'art à ce qui ne le mérite pas, il en vient à qualifier de science l'art lui-même, mêlant ainsi de nouveau ce qu'il voulait séparer.

Evidemment, dans le passage que nous citons, M. Frédéric Passy a cru que la science se distingue de l'art comme la théorie de la pratique, en prenant ces deux mots de théorie et de pratique dans leur acception courante. En effet, fort usuellement, quand on veut dire que ce qui devrait être n'est pas toujours réalisable, on déclare que « la théorie ne peut pas entièrement passer dans la

(1) On verra plus loin qu'aux trois termes de la classification ici esquissée : pratique, art, science, nous en ajoutons un quatrième, l'expérience, addition qui n'est pas voulue simplement par la symétrie, mais bien par l'exactitude.

pratique ». Mais la langue technique fait ici une distinction que la langue populaire n'aperçoit point. Sous ce nom de théorie, la première sait qu'il y a deux choses. Elle laissse bien l'appellation de théories à certaines vues subjectives de l'homme, à certains projets, plus ou moins chimériques, qu'il crée pour l'amélioration du monde : telles les « théories » de Fourier, de Saint-Simon, de Proudhon. Mais elle a soin de ne pas confondre avec celles-là d'autres « vues » (théorie, au sens étymologique, c'est vue), qui sont au contraire, celles-ci, des vues objectives, des regards pénétrants jetés sur la réalité concrète et vivante. Tandis que la première espèce de théories vise à rénover l'univers, la seconde n'aspire qu'à le connaître : et c'est en ce sens qu'on parle des « théories » scientifiques contemporaines de l'équivalent mécanique de la chaleur ou de l'unité des forces physiques. Qui plus est, il semblerait que c'est à ce second sens du mot « théorie » qu'appartiendrait en réalité l'antériorité chronologique. Aristote, le premier auteur d'une classification raisonnée des sciences, n'appelait-il pas « sciences théorétiques » celles qui ont pour but de pénétrer la réalité : mathématique, physique, philosophie première, et ne réservait-il pas au contraire le nom de « sciences pratiques » aux doctrines d'action : morale, économique et politique ? En tous cas, si l'on veut maintenir aux vues subjectives de l'esprit le même nom qu'à ses vues objectives, le nom de théories, il faut avoir grand soin de séparer les deux sortes de théories. Les subjectives constitueront l'art; les objectives formeront la science. Mais l'on voit immédiatement par là combien est grande l'erreur de ceux qui assimilent sans hésiter la distinction de la science et de l'art à celle de la théorie et de la pratique, puisque, de ce qu'on nomme les théories, une partie relève de l'art, une autre forme le contenu de la science.

Nous n'avons voulu montrer l'erreur d'un maître que pour préparer l'exposé de notre propre conception. Mais, avant de le faire, nous croyons pouvoir et devoir expliquer comment cette erreur s'est produite. Un esprit aussi éclairé que M. Frédéric Passy n'a pas pu pécher ici par insuffisante analyse. S'il n'a pas admis la distinction que nous proposons, ce n'est point qu'il ne l'ait pas aperçue — elle est trop aisée à voir — c'est qu'il n'a pas voulu s'y arrêter. La raison s'en doit chercher, croyons-nous, dans l'un des principes capitaux de l'école à laquelle appartient notre auteur. Pour cette école, dite indifféremment (par une synonymie assez étrange) orthodoxe ou libérale, l'idéal se distingue à peine, ou même ne se distingue pas du tout, de la réalité sainement interprétée. Il y a des lois naturelles qui gouvernent le monde; et non seulement il est fatal, mais il est bon qu'elles le régissent; on ne peut aller à leur encontre, et on ne doit pas non plus vouloir le faire. Le mieux est en toutes choses de les reconnaître et d'agir en leur sens; car on y serait toujours, bon gré mal gré, ramené : *volentem fata ducunt, nolentem trahunt*. L'acceptation des lois naturelles devient la première et pour ainsi dire la seule règle de la conduite droite. La formule du devoir tend de la sorte à se confondre avec celle du fait; l'idéal ne domine plus le réel, il n'en est que le résumé. (1) — Pour des penseurs qui admettent ce système, on comprend que la distinction de la science et de l'art s'obscurcisse. La connaissance du passé et du présent apparaît comme le seul facteur d'une détermination efficace de l'avenir. Les vues subjectives de l'esprit se réduisent au minimum, ou plutôt s'absorbent dans les vues objectives. Toute espèce de « formule » n'est plus qu'une « constatation ». Ce qui est et ce qui devrait être ne constitue plus qu'un bloc. Et la théorie, en s'attachant

(1) Cette confusion du réel et de l'idéal s'accentue encore dans l'école historique. Mais elle se trouve déjà dans l'école classique, qui a retenu de la philosophie du XVIIIe siècle l'identité du « naturel « et du « bien ».

à tous deux, n'a, à vrai dire, qu'un unique objet.

Telle est, croyons-nous, l'explication qu'il faut donner de la doctrine de M. Frédéric Passy (1). Mais l'expliquer, c'est en faire toucher du doigt le point faible. Comment l'idéal se pourrait-il jamais réduire au réel ? Nous admettons bien volontiers

(1) Une autre raison qui semble déterminer l'attitude de l'école classique en ce qui concerne la distinction de la science et de l'art, est peut-être celle-ci. Pour cette école, la science a une portée universelle ; l'art, au contraire, n'aurait qu'une valeur nationale. La distinction serait ainsi un moyen de faire une concession au système allemand de la *Nationalœkonomie*, sans pourtant lui donner gain de cause au fond. On verra plus loin que nous n'admettons pas entre l'art et la science de distinction de cette sorte. L'un et l'autre sont pour nous également généraux, sans que la science puisse prétendre à une universalité de fait, sans que l'art doive tomber dans le particulier, qui appartient à la pratique.

Cette conception que l'art aurait un champ plus étroit que la science, apparaît, entre autres, dans la définition donnée par M. Paul Leroy-Beaulieu : « L'économie politique, dit-il, est une science, parce qu'elle a découvert et constitué en un corps consistant les *lois universelles* qui déterminent l'activité et l'efficacité des efforts humains dans la production des richesses et dans leur répartition. Elle est aussi un art, parce que l'action des lois peut être diversement influencée, entravée, atténuée ou activée par l'ensemble des circonstances ambiantes qui mettent en jeu des *causes d'ordre différent* ». (*Traité théorique et pratique d'économie politique*, t. I, chap. III, p. 62).

que la connaissance de la nature soit indispensable pour toute action profonde à exercer sur celle-ci. Mais encore est-il que cette action ne saurait se réduire à cette connaissance. Supposons — pour accorder à l'école orthodoxe tout ce qu'elle demande — qu'obéir aux lois naturelles soit la seule chose que l'homme ait à faire. Il ne restera pas moins vrai que découvrir ces lois et les reconnaître comme vraies d'une part, se prescrire d'autre part de leur obéir en toute occasion, sont deux opérations de l'esprit assez différentes. La première est l'œuvre de l'intelligence, la seconde est le produit de la volonté. Ce qui prouve bien leur indépendance, c'est qu'on peut admettre l'existence de la loi naturelle et vouloir malgré tout s'insurger contre elle. L'école orthodoxe aura beau réduire ses préceptes à l'obéissance à la nature, elle ne pourra pas faire qu'en dehors d'elle, à côté d'elle, d'autres esprits n'érigent leurs conceptions personnelles, leurs fantaisies si l'on veut, en règles d'action qui auront pour eux le même caractère impératif et la même valeur. On ne saurait extirper radicalement de la nature humaine la tendance à constituer des théories subjectives : notre esprit a toujours voulu et il est vraisemblable qu'il voudra toujours dépasser le donné. Ainsi des vues individuelles d'amélioration viennent nécessairement s'ajouter aux constatations collectives des investigateurs du réel. Bien heureux serions-nous que celles-là ne fissent pas trop souvent perdre de vue celles-ci ! Ce qu'il faut à coup sûr reconnaître, c'est qu'elles ne se réduisent pas les unes aux autres. Et cela suffit pour faire de l'art, qui embrasse les premières, un tout bien distinct de la science, en laquelle les secondes se synthétisent.

II

On voit dès maintenant à quelle conséquence doctrinale aboutit la critique qui précède. Pour nous, la science est l'ensemble des principes de la connaissance, tirés du réel par l'observation et l'induction; l'art est l'ensemble des principes de l'action, tirés, par déduction, de l'idéal que se fait l'homme. Nous allons avoir à développer et à préciser cette formule, surtout dans son application à l'économie politique. Désormais, nous nous abstiendrons, en général, de passer en revue les opinions émises sur les points que nous traiterons et de les juger. Cette méthode « historique » serait à la fois d'un emploi trop long et de résultats peut-être trop peu concluants. Elle n'est pas d'ailleurs, ce nous semble, celle qui convient le mieux à une discipline aussi avancée que l'est déjà, quoique certains en disent, l'économie politique. Suivant une remarque d'Auguste Comte, c'est aux débuts de la science que cette méthode convient. Quand celle-ci est dans l'enfance, l'énumération et la discussion des thèses émises par les rares penseurs qui l'ont jusqu'alors cultivée, la constitue tout entière. Plus tard, au contraire, les questions prennent une sorte de réalité propre, indépendante de la personnalité de ceux qui les ont les premiers posées. Elles doivent alors être abordées par tout nouveau chercheur dans un ordre logique, et non plus dans l'ordre chronologique de leur apparition. Nous voudrions faire ici un travail de ce genre, en nous demandant pour notre propre compte en quoi doivent consister exactement : 1° la distinction de la science économique et de l'art économique ; 2° les rapports entre ces deux branches de l'économie politique. Les remarques qui précèdent ont eu pour but de préciser immédiatement, par la critique des opinions d'un penseur éminent, — peut-être les plus souvent admises en France sur le point qui nous préoccupe, — l'attitude générale que nous comptons prendre dans la question. Nous passons maintenant de cette vue préliminaire à un exposé plus détaillé, en allant, suivant la méthode de

Descartes, du simple au composé, ou, ce qui est ici tout un, du général au particulier, de ce qui est vrai en toute matière à ce qui est propre au domaine économique.

CHAPITRE II

BASES ORGANIQUES ET PSYCHOLOGIQUES DE LA DISTINCTION

Chaque fois que l'on veut se rendre un compte exact de la manière dont se constituent nos connaissances et s'exerce notre activité, il faut scruter les principes constitutifs de notre nature. C'est donc à la psychologie que nous allons avoir à recourir, puisque c'est à l'esprit humain que remontent et la création de la science et celle de l'art. Mais le fonctionnement de l'esprit est lui-même déterminé par des nécessités organiques. Ceux mêmes qui n'admettent pas que la psychologie soit un simple chapitre de la physiologie ne contestent point qu'elle soit en étroite relation avec cette dernière, laquelle à son tour est dominée par l'anatomie. Interrogeons donc — très sobrement — la constitution organique de l'homme : nous y trouverons la raison dernière de la division de ses pensées en deux grandes catégories.

I

Le système nerveux, en effet, qu'on l'envisage soit dans ses centres cervicaux ou médullaires, soit dans les nerfs qui aboutissent à ceux-ci ou qui en partent, se montre composé de deux parties: l'une sensitive, l'autre motrice (1). La première renferme les nerfs centripètes et les centres sensitifs. La seconde comprend les centres moteurs et les nerfs centrifuges. Quand un ébranlement se produit à la périphérie du corps, l'impression se transmet à travers les nerfs centripètes et gagne ainsi les centres sensitifs de la moëlle épinière ou du cerveau. De là, elle passe dans les centres moteurs qui sont contigus aux centres sensitifs. Elle y subit une importante transformation, et elle est alors réfléchie sur les nerfs centrifuges. Ceux-ci, impressionnés de la sorte, vont à leur tour mettre en jeu les muscles auxquels ils commandent, et ces derniers vont réagir à l'excitation

(1) Voir notamment Mathias Duval, *Traité de Physiologie*, 7e édition.

primitive par un mouvement approprié. Tel est le schéma de l'action réflexe ; tel est même, peut-on dire, le schéma de toute action, car il n'en est aucune, chez l'homme, qui n'ait pour cause plus ou moins lointaine une impression venue du dehors (le nombre et la nature des mouvements intermédiaires étant seuls variables). Voilà, en définitive, le plan général de l'organisation anatomique et du fonctionnement physiologique de notre système nerveux : l'organisation comprend, comme on voit, deux parties, et le fonctionnement deux phases, liées entre elles sans doute, mais pourtant bien distinctes en principe. Dans l'une, tout sert à recueillir l'impression à l'extérieur et à la porter progressivement au fond de l'être. Dans l'autre, à l'inverse, tout concourt à ramener cette impression, élaborée, du fond à la périphérie.

Le rayon de lumière qui vient frapper un miroir est réfléchi par lui. De même, une impression que la nature fait sur nos sens n'atteint notre organisme que pour être par lui renvoyée au dehors dans une autre direction. L'impression centripète et le mouvement centrifuge peuvent être comparés à ce rayon incident et à ce rayon réfléchi. Seulement l'être humain n'est plus un miroir neutre qui projette la lumière telle qu'il l'a reçue. Il est, disait Francis Bacon, comme un miroir concave qui la déforme. Il est, dirons-nous plutôt, une force qui la transforme. L'impression, quand elle pénètre jusqu'à nos centres, est par eux élaborée, c'est-à-dire modifiée. Quand nous la renvoyons au milieu ambiant, elle est toute marquée de notre empreinte.

II

Si le système nerveux de l'être humain est double, nous devons nous attendre à trouver dans sa vie mentale la même division bipartite. Cependant les psychologues reconnaissent plus habituellement trois facultés à l'esprit : ils les nomment sensibilité, intelligence et volonté. Seulement il nous sera possible de ramener à deux ces trois termes (1).

Le nom de sensibilité, en effet, ne désigne pas un groupe de phénomènes parfaitement homogène. On y distingue deux séries : celle des émotions et celle des passions. Les émotions sont des

(1) M. Alfred Fouillée, dans son récent et remarquable ouvrage « *Tempérament et Caractère* », a essayé d'accoler la division bipartite à la division tripartite, sans réduire celle-ci à celle-là.

impressions subies par l'être, de simples traces imprimées en lui par les choses. Les passions, au contraire, impliquent une tendance de l'être, un désir qu'il a de s'approprier les choses qu'il convoite. Les premières ont donc bien un caractère centripète, et sont seules proprement sensitives. Les secondes ont, à l'inverse, un caractère centrifuge et moteur.

En somme, les émotions sont une forme inférieure de l'intelligence. Les sensations, premier acte de l'intellect, ont chacune à la fois un caractère représentatif et un caractère émotif. Suivant que l'un ou l'autre prédomine en elles, on les rattache d'ordinaire à la sensibilité ou à l'intelligence. Mais c'est là une distinction factice, puisque ces deux caractères (tous les psychologues le reconnaissent) sont nécessairement liés l'un à l'autre. La vérité est que, la sensation étant une malgré ce double aspect, on la doit faire dépendre d'une unique « faculté ».

D'autre part, les passions constituent une forme inférieure de la volonté. On dit parfois qu'elles s'en distinguent comme la passivité de l'activité. Cette dernière opposition n'a rien d'absolu. Il y a toutes les transitions possibles entre la passivité et l'activité, comme entre le froid et le chaud. Ce sont deux points extrêmes, mais d'une même ligne.

Car, dans la passion comme dans la volition, l'être se porte sur les choses, seulement avec moins de calme et de liberté dans le premier cas que dans le second. Entre ces deux phénomènes, il existe donc une différence relative de degré plutôt qu'une différence absolue de nature.

Par cette décomposition de la sensibilité en ses deux éléments, dont l'un va rejoindre l'intelligence et dont l'autre va se réunir à la volonté, nous sommes conduits à une conception plus simple de la vie mentale. D'un côté nous trouvons tous les faits par lesquels « les choses entrent en nous ». C'est d'abord la sensation avec son double aspect émotif et représentatif (on l'appellera, selon l'aspect prédominant, une émotion ou au contraire une perception). Ce sont ensuite : la mémoire, qui rappelle les sensations sous l'aspect de souvenirs ; l'imagination, qui combine les souvenirs sous des formes nouvelles ; l'association des idées, qui lie les sensations et leurs images automatiquement ; enfin le jugement et le raisonnement, qui les unissent d'une manière réfléchie. De l'autre côté nous apercevons tous les faits par lesquels « l'homme entre dans les choses » pour se les assujettir. C'est, à la base, la passion, acte irraisonné et impulsif ; ce sont l'instinct et l'habitude, répétitions par accoutumance ancestrale ou individuelle d'actes plus ou moins réfléchis ; c'est enfin l'acte réfléchi par excellence, la volition ou résolution prise après débat intérieur et exécutée avec mesure et sang-froid.

De la sorte, la division de la vie mentale de l'homme devient parfaitement parallèle à la division qui domine la constitution et le fonctionnement de son système nerveux. A la vérité, cette division de la vie mentale ne doit pas être elle-même regardée comme absolue. Il y a pénétration réciproque de l'intelligence et de la volonté. Dans les plus hautes opérations de l'intellect, la volition intervient. Le jugement et le raisonnement, en effet, exigent souvent une concentration de l'attention qui n'a été possible qu'au prix d'un effort. Inversement, l'acte volontaire a été précédé d'une délibération dans laquelle l'homme a dû passer en revue les motifs d'action plus ou moins contradictoires qui s'offrent à lui et juger leurs valeurs relatives. Ainsi chacune des deux « facultés » appelle l'autre à son secours. Mais cela n'empêche pas qu'elles ne soient, en principe, différentes. Par l'intelligence, l'homme se soumet à la nature, même et peut-être surtout quand il en découvre les principes. Par la volonté, à l'inverse, il se la surbordonne, il lui impose ses propres lois. Il y a là une séparation qui, pour n'être point exclusive d'un rapport, n'en reste pas moins fondamentale.

CHAPITRE III

L'EXPÉRIENCE ET LA SCIENCE. — L'ART ET LA PRATIQUE

Les facultés dont se sert l'esprit dans la connaissance et dans l'action sont maintenant définies. Il va donc être possible de montrer ces facultés se mettant en jeu, de voir se créer la science et l'art.

I

Examinons en premier lieu ce qui concerne la connaissance.

L'intelligence reçoit d'abord passivement les impressions que les sens lui transmettent. Comme nous l'avons vu, ces sensations, ou plutôt les images qui en sont le résidu, s'accumulent mécaniquement par l'effet de l'association des idées. Un grand nombre de souvenirs ainsi emmagasinés et liés entre eux suivant les seuls principes de la contiguïté et de la ressemblance (1), constituent pour l'individu son *expérience.* Un homme a, d'après le langage courant, plus ou moins d'expérience, suivant qu'il a plus ou moins vu, plus ou moins retenu, plus ou moins assimilé ses impressions. Mais cette sorte d'expérience ne s'élève pas au-dessus de la routine. Elle est ce que nous nommerons l'*expérience brute.*

La *science* ne vient que beaucoup plus tard, dans l'évolution personnelle de chaque homme et dans l'évolution collective de l'humanité. La science, en effet, c'est l'organisation rationnelle de cet ensemble de perceptions ou de souvenirs qui, avec l'expérience brute, n'était qu'une masse confuse et indigeste. Le processus de cette transformation consiste essentiellement dans la substitution des opérations réflexives — jugement et raisonnement — à l'opération mécanique de l'association des idées. Désormais les séries d'images, au lieu de se former au hasard, se formeront suivant un plan médité. Et ce qui donne de la valeur

(1) Ce sont là les deux principes ordinaires de l'association spontanée des idées.

à ce plan, quel qu'il soit d'ailleurs, c'est son caractère de généralité. Avec l'expérience brute, les idées apparaissent comme discontinues, fragmentaires. Un souvenir est souvent rappelé à propos, mais il ne fait pas corps avec le reste du bagage intellectuel, on ne lui voit pas un lien nécessaire avec tous les autres. Au contraire, le propre de la science, c'est de chercher toujours l'enchaînement des faits, d'essayer d'établir entre ceux-ci des rapports constants, en un mot de tendre à poser des lois qui apparaissent comme universelles et comme inéluctables. La capitale différence de l'expérience et de la science, c'est celle-là : l'expérience ne livre à l'homme que des faits isolés, la science lui fournit des principes de coordination. Elles diffèrent donc, en somme, comme le particulier diffère du général.

Maintenant, la science, une fois constituée, réagit sur l'expérience. Elle permet de transformer à son tour celle-ci, d'expérience brute qu'elle était, en *expérience raisonnée.* En effet, le savant, pour vérifier ou compléter ses idées générales, va se mettre à expérimenter. Qu'est-ce à dire ? Cela signifie qu'il va instituer des recherches sur des points particuliers, examiner comment la nature opère en des cas spéciaux, dans des circonstances qu'il aura lui-même préalablement fixées et rigoureusement définies. Que cette méthode expérimentale ait de singuliers avantages sur la méthode d'observation simple, savants et logiciens s'accordent à le proclamer. Mais la seule chose que nous voulions ici retenir, c'est qu'il y a là un nouvel usage de l'expérience, postérieur celui-là à l'invention de la science, et qui n'a été rendu possible et fécond que par elle.

II

Passons maintenant à ce qui regarde l'action. L'homme, à l'origine, agit d'une manière purement impulsive. Suivant une loi bien connue, « toute image détermine chez lui un mouvement » sans qu'il se rende un compte exact de ce qu'il va faire. A une impression particulière correspond ainsi une détermination isolée. Mais, de même que chaque impression laisse de soi un souvenir, de même chaque détermination laisse de soi une trace, qui facilitera, si des impulsions analogues se produisent, l'exécution d'un mouvement semblable. Des habitudes d'agir naîtront ainsi, par un procédé à peu près identique à celui des habitudes de penser ou associations d'idées. L'individu qui s'était fait par celles-ci une expérience, se fera par celles-là une *pratique*. Bien entendu, cette pratique primitive est routinière comme l'expérience à laquelle elle correspond. Les diverses habitudes ne sont pas raisonnées. Elles ne sont pas liées entre elles. C'est l'ère de l'empirisme.

Mais à cette pratique vient un jour se superposer *l'art*, comme à l'expérience brute la science. Et le principe de ce nouveau développement est le même que celui du précédent. Il consiste dans une critique faite par l'individu de ses façons d'agir antérieures, critique qui l'amène à raisonner toutes ses habitudes et à introduire parmi elles l'unité, à créer, en un mot, un plan réfléchi de son activité. Désormais il existe pour l'être quelques règles générales de conduite, aussi bien que quelques vues générales sur l'univers; et ces règles, comme ces vues, forment un système cohérent. La création de ce système est plus ou moins spontanée chez l'homme ; mais, comme les systèmes des divers individus ne s'accordent pas forcément, des discussions s'établissent entre eux sur ce sujet de capitale importance. Le résultat de ces discussions est une élaboration plus parfaite du système : c'est cette élaboration, cette constitution raisonnée des principes d'action, qui donne proprement naissance à l'art.

Mais pourquoi, dira-t-on, employer ce mot?

L'élaboration dont vous parlez, use des mêmes procédés dialectiques que l'élaboration de la science. Pourquoi donc ne pas désigner, comme Aristote, sous le terme de « sciences pratiques », ce que vous nommez « arts » en réservant aux connaissances doctrinales le terme, qu'il emploie, de « sciences théorétiques » ? Le rapport des deux sortes de disciplines apparaîtrait ainsi, en même temps que leur différence. Cette dénomination aurait en outre l'avantage de distinguer ces « sciences de l'action » de ce que tout le monde appelle les « beaux-arts ». — Nous ne nierons pas qu'il y ait du vrai dans ces observations. Mais, pour nous en tenir à notre appellation d'art, nous nous fonderons d'abord sur ce qu'elle est consacrée par l'usage des économistes de notre pays (1), et qu'il est inutile de

(1) Nous citerons ici quelques passages caractéristiques de plusieurs écrivains de diverses époques, qui ont admis la distinction de la science et de l'art à peu près de la même manière que nous le faisons.

« La science, dit Rossi (*Cours d'Economie Politique*, tome I, 2e leçon), n'a pas de but extérieur. Dès qu'on s'occupe de l'emploi qu'on peut en faire, on sort de la science et on tombe dans l'art... La science n'est pas chargée de faire quelque chose. Elle n'est que la connaissance de la vérité ».

« L'art conseille, prescrit, dirige. La science observe, expose, explique.», déclare Ch. Coquelin (*Dictionnaire

rouvrir, par le retour à un terme abandonné, des discussions de terminologie sur un sujet où les difficultés de fond ne manquent malheureusement pas. Nous ajouterons que le mot art a le mérite,

d'Economie Politique, 1re édition, au mot « Économie politique »).

D'après Courcelle-Seneuil (*Traité théorique et pratique d'Economie Politique*, Introduction, § II), « l'économie politique, considérée comme science, a pour objet l'étude de la richesse...; elle recherche les causes générales par lesquelles l'humanité se trouve plus ou moins riche... Considérée comme art, l'économie politique a pour but d'augmenter la richesse de l'humanité ou d'une portion de l'humanité, et elle recherche les procédés et moyens généraux par lesquels on peut le mieux atteindre ce but ». Sur cette base, l'auteur que nous citons a divisé son traité en deux parties : Ploutologie, ou science de la richesse; Ergonomie, ou art du travail.

Pour M. Yves Guyot (*La Science Economique*, 2e édit., chap. VI), « la science est la détermination des rapports des phénomènes entre eux; l'art est l'application de ces rapports à la satisfaction des besoins de l'homme ».

Dans les *Éléments d'Economie Politique* de M. Paul Beauregard (1re leçon), nous lisons que « la science découvre les lois, l'art les applique en vue d'un résultat à obtenir ».

Le *Nouveau Dictionnaire d'Economie Politique* (1892) contient un article « Science et Art » de M. Fernand à nos yeux, de mieux marquer que tout autre, par son opposition au mot science, la distinction qui sépare les principes de la connaissance proprement dite et les principes de l'action. Et si

Faure, où nous trouvons ces lignes : « Par la science on se borne à constater ce qui est, par l'art on recherche ce qui doit être et on propose de le substituer à ce qui est ».

M. Henri Saint-Marc (*Etude sur l'enseignement de l'Economie Politique en Allemagne*) et M. Alfred Espinas (*Histoire de l'Economie Politique*) se sont prononcés dans le même sens.

Enfin, le *Dictionnaire de la Langue Française* de Littré, au mot « Science », s'exprime ainsi : « Au point de vue philosophique, ce qui distingue l'art de la science, c'est que la science ne s'occupe que de ce qui est vrai, sans aucun souci de ce qui peut être utile, et que l'art s'occupe seulement de ce qui peut être utile et appliqué ».

Quant aux doctrines analogues émises à l'étranger sur la même question, nous indiquerons principalement :

I. — Pour l'Angleterre :

1° John Stuart Mill, *Système de Logique,* VIe partie, *passim.*

2° John Neville Keynes, *Scope and Method of Political Economy* (1891), chap. II.

3° Alfred Marshall, *Elements of Economics*, tome I, (1894), liv. I, chap. VII.

II. — Pour l'Autriche et l'Allemagne :

entre la connaissance et l'action la nature organique et mentale de l'homme établit vraiment la grande différence que nous avons cru mettre en relief dans le précédent chapitre, n'est-il pas juste que cette différence apparaisse jusque dans les vocables employés pour désigner les règles de l'une et de l'autre ?

Nous nous arrêterons moins encore à une autre terminologie qui dénomme « sciences appliquées » ce que nous appelons arts. Nous établirons, en effet, dans la suite, que l'art n'est pas la pure et simple application de la science, mais qu'il contient en outre un élément nouvel et capital. Ce changement de terminologie impliquerait une erreur de doctrine, et nous y résistons en conséquence bien plus énergiquement qu'au précédent.

1° Carl Menger, *Untersuchungen ueber die Methode der Socialwissenschaften und der politischen Œkonomie insbesondere* (1883), *passim.*

2° Adolf Wagner, *Lehr-und Handbuch der politischen Œkonomie :* Ier Theil, Grundlagen der Volkswirthschaft (3e édition, 1892), § 57-64.

3° J. Conrad, *Grundriss zum Studium der politischen Œkonomie* : Ier Theil, Nationalœkonomie (1896), § 1.

III. — Pour la Suisse :

Léon Walras, *Eléments d'Economie Politique pure,* (3e édition, 1896), 2e leçon.

L'art étant défini, revenons pour un moment à la pratique. Il le faut : car sur elle l'art exerce la même influence que la science sur l'expérience. La science transformait l'expérience brute en expérience raisonnée. L'art, de même, transforme la pratique empirique en *pratique réfléchie*. Des règles générales d'action ont été posées par l'art. Il faut maintenant les suivre. On va, pour cela, se heurter à des difficultés sérieuses. Les circonstances ne permettront pas toujours de réaliser l'idéal conçu. Il faudra se résigner à en abandonner quelque chose pour mener à terme le reste. Ici joueront leur rôle les qualités de fermeté, d'habileté, de sagesse de l'homme d'action. C'est toute une tactique à trouver, tactique qui variera suivant les buts à atteindre, les temps, les lieux, les obstacles. Mille questions d'application se poseront, que le praticien seul pourra résoudre, l'idéologue restant impuissant devant elles. L'art ne supprime donc pas la pratique, il n'en diminue même en rien la nécessité et le mérite. Seulement il l'épure et l'ennoblit, en lui donnant un but supérieur. Dans leur œuvre commune, de lui vient l'idée, et d'elle la réalisation. Il inspire, et elle exécute ; il dirige, et elle accomplit.

III

On peut saisir désormais, dans leur ensemble, les rapports que la science et l'art soutiennent avec les opérations psychologiques analysées dans notre chapitre précédent. La science, comme l'expérience, procède de l'intelligence, dont elle est la mise en œuvre. L'art, comme la pratique, se rattache, à l'inverse, à la volonté. La première est la coordination des phénomènes sensitifs ou centripètes; le second est la systématisation des phénomènes centrifuges ou moteurs.

Pour exprimer les mêmes choses sous une autre forme, on peut dire que la science est une enquête généralisée sur ce qui a été et ce qui est : car les faits du passé et du présent peuvent seuls agir sur nos sens et contribuer à la formation de notre expérience. Quant à l'art, c'est un effort cohérent pour organiser ce qui pourrait être et ce qui devra être. Il n'est plus, comme la science, tourné vers le passé, mais bien vers l'avenir. Son but n'est pas de savoir, c'est de créer. La science envisage le monde tel qu'il est donné. L'art essaie d'améliorer ce monde, de l'adapter davantage à nos désirs et à nos besoins.

La science et l'art nous apparaissent ainsi comme ayant des buts et des tâches tout à fait différents. L'art n'est pas subordonné à la science, au sens où le disait M. Frédéric Passy (1). Il lui est parallèle, et n'a pas moins de dignité qu'elle. Ce qui est ou du moins peut être subordonné à l'art, c'est la pratique, de la même façon que l'expérience est ou peut être subordonnée à la science. Qu'on nous permette de nous servir ici, pour caractériser les positions respectives de ces quatre termes, d'une métaphore que nous avons déjà produite ailleurs dans le même but (2). L'édifice de l'activité mentale de l'homme est comparable à une montagne, qui présenterait deux versants nettement opposés. La première halte que l'on fait en gravissant l'une de ces pentes, s'appelle l'expérience. Ce n'est que beaucoup plus haut, et vers le sommet, qu'on trouve du même côté un nouveau lieu de repos, qui est la science. Si l'on veut redescendre par la même déclivité, on repassera par l'expérience, mais en s'y servant des lumières acquises par la fréquentation de la science. — Quant à l'autre face de la montagne, elle est constituée d'une

(1) Voir plus haut, chapitre premier.

(2) *Annales de l'Institut international de Sociologie*, tome I, page 171.

manière analogue. Vers la base on rencontre la pratique. Non loin de la cime, et à la même hauteur que la science, hauteur parfois brumeuse, se tient l'art. Celui qui s'élève jusque-là peut ensuite reprendre avec plus de sécurité et de fruit le chemin qui l'a conduit : la pratique lui deviendra relativement aisée et profitable. — Mais notre voyageur veut-il passer de la science à l'art, ou réciproquement ? C'est tout le tour de la montagne qu'il a à faire, car nos deux points se tiennent en des versants distincts. Ils sont aussi élevés l'un que l'autre, mais ils ne s'inscrivent pas sur une même graduation.

CHAPITRE IV

INDÉPENDANCE ET DÉPENDANCE DE L'ART PAR RAPPORT A LA SCIENCE

La science et l'art ont été définis d'une manière générale dans le chapitre qu'on vient de lire. Nous avons dès lors deux choses à faire : 1° préciser la nature de la différence qui les sépare ; 2° montrer que cette différence n'empêche pas qu'il existe entre eux des relations.

I

Pour établir la nature de la distinction considérée, il faut en chercher la cause. Mais celle-ci peut s'induire de ce que nous avons dit précédemment. La science, indiquions-nous, cherche à connaître ce qui a été et ce qui est ; l'art veut organiser ce qui doit et peut être. La science s'attache donc au réel ; l'art, à l'idéal. Ceci fait toucher, croyons-nous, le fond de la question et montre la dissemblance irréductible des deux termes. Le seul but de la science, en effet, c'est de nous permettre de reproduire en nous, sous la forme d'une image simplifiée, la réalité existante. Le but de l'art, au contraire, c'est de nous faire créer quelque chose de nouveau. Mais ce quelque chose ne sort-il pas, dira-t-on, de ce qui le précède ? Pas entièrement, répondrons-nous. La preuve en est qu'il peut être l'opposé de ces précédents. Souvent, en effet, notre idéal naît d'une réaction personnelle contre ce qui nous entoure. C'est l'apanage de l'homme de constituer une individualité indépendante dans une certaine mesure du monde extérieur. Nous ne voulons pas, à coup sûr, restaurer la vieille théorie du libre-arbitre absolu, de l'entière liberté d'indifférence, si justement démodée. Cependant force nous est bien de reconnaître qu'il reste à l'homme au moins une part de liberté. Comme l'indiquait déjà Descartes, si nous n'avons pas la faculté de créer de toutes pièces du mouvement, nous avons du moins celle de changer la direction des mouvements que nous communiquent les choses, et cela est considérable.

D'ailleurs, à dire le vrai, ce n'est pas là un privilège qui soit exclusif à l'homme. Tous les êtres vivants ont une certaine spontanéité d'action. Les corps bruts eux-mêmes peuvent modifier partiellement la direction d'un mouvement, puisque le mobile qui se heurte à eux est dévié plus ou moins de sa course. Cette propriété est donc, en un certain sens, commune à tous les êtres. Le degré seul en varie chez eux. Le principe du déterminisme ne saurait y faire obstacle. Puisqu'il y a du mouvement dans le monde, il faut bien, même si tous les mouvements s'enchaînent, qu'on trouve quelque part leur origine, et quelque part la raison de leurs déviations successives.

L'explication de l'art, par conséquent, c'est qu'il est la manifestation la plus haute de la liberté humaine s'affirmant en face de la nature. Il est la synthèse de nos besoins, de nos aspirations, de nos volontés. Voilà en quoi il se différencie radicalement de la science, qui ne fait que reproduire l'aspect de cette nature et ne nous assigne, en elle, qu'une place individuelle extraordinairement restreinte. A cet égard donc, la science tendrait plutôt à déprimer l'homme ; l'art le relève. — Mais, dira-t-on, les besoins, les aspirations et les volontés de l'homme ne sont-ils pas eux-mêmes parmi les objets d'une science particulière, la psychologie, branche de la science universelle ?

— Il est vrai, la psychologie les étudie. Seulement, elle ne peut les étudier au moment exact où ils se produisent. Car l'homme qui est sous l'empire de la passion ou qui prend une décision, ne saurait s'occuper de ratiociner sur son état d'âme pour le classer dans telle ou telle catégorie psychologique. Il est possédé par lui, il n'en a pas la maîtrise. Ce n'est que plus tard que la science pourra l'atteindre, quand il ne subsistera plus dans l'esprit qu'à l'état de souvenir. Elle opère donc sur des états mentaux disparus, non sur des états actuels. Si elle voulait saisir des réalités mentales vivantes, elle ne le pourrait qu'en les tuant : c'est un fait bien connu que l'attention prêtée à un sentiment par celui qui l'éprouve le fait disparaître ; et le plus profond analyste des passions, Spinoza, ne recommandait pas d'autre moyen pour s'affranchir d'elles, que celui-ci : les transformer en idées claires (1). La science peut donc bien envisager nos actes, mais nullement de la même façon que l'art. Elle les dissèque, ce qui suppose qu'ils ne sont plus. Il les dirige, c'est-à-dire qu'il leur donne le maximum d'être et de plénitude. Elle les analyse ; il les crée. Elle est leur mort ; il est leur vie. Elle fait d'eux des fantômes, inertes

(1) *Éthique*, IVe et V[e] parties.

comme les autres et pour ainsi dire détachés de celui qui les exécute. Lui, au contraire, en fait des réalités véritables, qui absorberont toute la vie de leur auteur, qui s'imposeront au monde extérieur, des réalités militantes et triomphantes.

II

L'irréductibilité de l'art à la science vient d'être constatée. Cette indépendance ne fait pas cependant qu'il n'existe entre eux des rapports fort importants. Déjà notre classification des formes de l'activité mentale le laisse deviner. Nous avons montré comment se constituent progressivement la première espèce d'expérience, la science, la seconde espèce d'expérience; et, d'autre part et parallèlement, la première espèce de pratique, l'art, la seconde espèce de pratique. On est par là amené à penser qu'il doit y avoir un lien entre les créations de l'esprit nées aux mêmes stades de son développement. C'est ce qui a lieu en réalité. A l'origine l'expérience et la pratique routinières vont de pair. Plus tard, la science et l'art se développent simultanément. Par leurs progrès à tous deux, deviendront enfin possibles l'expérimentation et la pratique raisonnées.

En effet, l'influence des opérations sensitives sur les opérations motrices apparaît de deux façons à la fois.

En premier lieu, le principe de l'impulsion est, pour partie tout au moins, dans la connaissance. Nous rappellerons encore une fois la loi posée par la psychologie moderne : « toute image a tendance à engendrer un mouvement ». L'homme ne peut désirer, ne peut vouloir que ce que, dans une certaine mesure, il connaît déjà. Sa volition sans doute dépasse son intellection. C'est même chose fort heureuse; car sans cela il n'agirait presque jamais : le principal attrait des réalités est dans ce qu'on devine d'elles, sans le pénétrer complètement ; il n'y a guère de choses qu'on désire encore, quand on les connaît tout entières. Mais enfin, il faut déjà avoir quelque notion d'un but, pour se décider à le poursuivre. Nous avons dit plus haut que l'homme peut changer la direction des mouvements qui lui sont communiqués. Cela implique que l'origine de ces mouvements lui est étrangère. Du dehors partent les impulsions qui se réfléchissent en impressions sur ses sens, en perceptions sur son intellect, et donnent, par une transformation nouvelle, naissance à ses décisions et à ses actes. Avant toute décision, une notion doit donc nécessairement s'être formée.

Ce n'est pas tout. Une fois la décision prise par la volonté, l'homme recourt de nouveau à son intelligence pour qu'elle lui fournisse une indication sur les moyens les plus propres à exécuter cette décision. Il cherche dans ses souvenirs des procédés qu'il ait vu employer pour atteindre des fins plus ou moins semblables. Parfois il se trouve ainsi obligé de renoncer à son dessein primitif, s'il n'aperçoit aucun procédé de réalisation praticable. Parfois il est conduit, sans abandonner son projet, à le modifier plus ou moins en raison même des voies d'exécution à suivre. De la sorte les suggestions de l'intelligence viennent agir sur les déterminations de la volonté, non plus avant la lettre, pour les former, mais bien après la lettre, pour les faire aboutir. La coopération des fonctions sensitives est donc, à chaque instant, nécessaire à la marche des fonctions de motricité.

Naturellement, la forme que cette coopération revêt varie suivant la hauteur de l'acte considéré. Quand on est au stade de l'expérience et de la pratique, elle se fait presque inconsciemment. L'impulsion est donnée à la volonté par la sensibilité, sans que la réflexion intervienne. Si avant d'agir l'homme consulte son expérience pour savoir comment agir, cette consultation n'est ni bien longue, ni bien approfondie. Mais il n'en est plus de même quand est atteint le stade de la science et de l'art. Ici, avant de prendre parti sur un principe général d'action, on se livre à une délibération en règle. Les besoins, qui doivent déterminer la formule de ce principe, sont mûrement passés en revue, comparés les uns aux autres, examinés dans leur valeur réciproque et finalement combinés entre eux dans la mesure du possible. Le précepte général d'action résultera donc de la mise en œuvre d'une série de notions étendue et synthétisée avec soin. D'autre part, une fois ce principe posé, il va s'agir de l'appliquer, de le faire passer dans les faits. Mais ici encore on s'adressera aux trésors accumulés par l'intellect pour y trouver des méthodes de réalisation. Bien entendu ce ne sera plus en un instant qu'on prendra parti entre ces méthodes, mais ce sera, au contraire, après un examen minutieux et approfondi. La nouvelle sorte de pratique qui sera alors constituée, la pratique raisonnée, naîtra précisément de cette application des données livrées par la science aux idéaux posés par l'art. C'est en quoi elle se différenciera de la pratique toute routinière qui seule existait primitivement.

On voit ainsi quel lien étroit unit, malgré tout, la science et l'art. Celui-ci ne peut se développer, se constituer fortement, soit quant à la détermination de ses buts, soit quant à celle de ses moyens, que par des indications que celle-là lui fournit. Il faut que sans cesse il s'inspire d'elle : tous ses progrès sont à ce prix. — L'on peut donc soutenir, sans mériter le reproche de contradiction, qu'il y a à la fois indépendance et dépendance de l'art par rapport à la science. Il y a indépendance, ou plutôt irréductibilité, puisque l'art accomplit une tâche qui sort complètement du rôle de la science, en posant les fins que l'homme se doit proposer. Et il y a dépendance toutefois, puisque ces fins ne peuvent être conçues et exécutées que grâce à des connaissances d'ordre intellectuel. Ce sont là deux propositions qui, tout opposées qu'elles puissent sembler, ne nous paraissent pourtant pas moins certaines et incontestables l'une que l'autre. Leur apparente contradiction n'a rien d'insoluble : le jeu même de la vie se charge de la lever, lui qui sait changer les antithèses de principes les plus accentuées, en d'harmonieuses conciliations.

CHAPITRE V

LA DISTINCTION DE LA SCIENCE ET DE L'ART DANS LES DIVERS DOMAINES

Notre théorie a été développée, dans les précédents chapitres, d'une façon générale et abstraite. Aussi importe-t-il de la confirmer par des preuves d'ordre concret et particulier, en montrant combien elle concorde avec l'organisation spontanée du travail intellectuel dans l'humanité. Pour ce faire, nous allons passer en revue les principales créations du génie humain, et faire voir qu'elles se classent naturellement sous nos deux rubriques : Science et Art.

I

L'ensemble des choses auxquelles peut s'appliquer l'effort, soit de notre intelligence, soit de notre volonté, se divise assez aisément en trois grands groupes : le monde inorganique, le monde organique, et le monde supra-organique ou social. Cette classification n'embrasse, il est vrai, que des choses concrètes. Elle laisse, en dehors d'elle, des propriétés abstraites, qui pourtant peuvent faire l'objet d'études. Ainsi le nombre et l'étendue, considérés en eux-mêmes, sont la matière d'une science fort importante, la science mathématique (algèbre, arithmétique, géométrie). A cette science ne correspond directement aucun art. Cela est tout naturel d'ailleurs. La volonté humaine n'a aucun besoin d'agir sur des propriétés abstraites. Elle veut exercer son empire sur des êtres concrets, et sur eux seuls. Hors de ses prises demeure tout ce qui n'est pas eux.

Mais, dès que ces êtres apparaissent, elle intervient. S'agit-il du monde inorganique ? Il fait l'objet des sciences dites cosmologiques : d'une part, astronomie, mécanique, physique, chimie, qui constituent, suivant la terminologie d'Herbert Spencer, des sciences abstracto-concrètes, parce qu'elles n'envisagent les corps que dans une partie de leurs propriétés ; et d'autre part, cosmologie concrète, géologie et minéralogie, qui veulent au contraire pénétrer complètement la substance de chaque agglomérat matériel. Eh bien, à ces études scientifiques, des arts vont correspondre. Voici les corps les plus éloignés de nous, et sur lesquels il semble que notre action doive être nulle : les astres. Aristote proclamait que l'astronomie est la plus belle des sciences, parce qu'elle est la plus désintéressée, la moins susceptible, par sa nature, d'application pratique. Cependant, l'esprit ingénieux de l'homme a découvert un moyen de se servir de ses connaissances astronomiques : l'art de la navigation en a fait son profit ; le calendrier, qui est fondé sur elles, a joué un rôle très considérable dans la vie juridique des Romains, et en joue encore un assez important dans toute notre vie sociale. Mais naturellement, c'est quand on arrive aux choses qui nous touchent de plus près que l'art sait le mieux utiliser les travaux de la science. Sur la mécanique dite rationnelle repose la mécanique dite appliquée, qui embrasse tout l'art de la construction : construction de maisons, de routes, de ponts, de moteurs, etc. De la physique découlent les merveilleuses inventions qui ont transformé en ce siècle l'existence des peuples de l'Occident, par l'application des forces mécaniques, de la chaleur, de l'électricité. Les industries alimentaires, les industries du vêtement, celles de la parure, ont incessamment recours à la chimie. La géologie et la minéralogie permettent de mieux exploiter les richesses du sous-sol en métaux et en combustibles. L'amélioration incessante du sort de l'homme devient ainsi possible grâce à l'extension de ses connaissances. Sans doute, toutes les industries par lesquelles elle s'opère ne méritent pas d'être appelées indistinctement des arts ; beaucoup ne sont que des pratiques plus ou moins routinières. Mais enfin elles servent toutes à la satisfaction de certains besoins humains ; elles sont conçues suivant un plan d'ordinaire assez rationnel ; elles coopèrent, en somme, à l'œuvre d'expansion de notre être par la main-mise sur les forces naturelles, qui est la tâche commune de l'art et de la pratique. Elles se rangent du côté de notre activité motrice, et cela montre le lien de cette partie de notre nature avec la face opposée, avec celle qui est orientée, par l'expérience et la science, vers la simple connaissance du réel.

II

Si des êtres inorganiques nous passons aux êtres vivants, les mêmes constatations vont pouvoir être faites. La botanique et la zoologie sont des sciences, qui permettent de dire comment sont organisés et fonctionnent les végétaux et les animaux. L'agronomie et la zootechnie sont des arts, qui permettent de donner à ces végétaux et à ces animaux les formes et les propriétés les plus avantageuses pour nous, aux divers points de vue auxquels peuvent se placer notre esthétique et notre industrie. Ces arts, il est vrai, ne font guère que de naître, et jusque dans ces dernières années on ne connaissait que les pratiques correspondantes, la culture et l'élevage. Mais c'est justement par l'application de notions plus scientifiques aux buts que la culture et l'élevage poursuivaient déjà, qu'on en a fait l'agronomie et la zootechnie, arts récents et qui pourtant promettent déjà beaucoup.

Les organismes animaux et végétaux ne sont pas les seuls sur lesquels l'art puisse s'exercer. L'organisme humain est l'objet d'au moins deux arts, la médecine et la pédagogie physique, dont l'une aspire à le redresser dans ses déviations pathologiques et l'autre à lui assurer une croissance normale. Toutes deux, cela n'a pas besoin d'être démontré, appellent constamment à leur aide les données de deux sciences proprement dites, l'anatomie et la physiologie du corps humain.

III

Nous arrivons enfin au monde supra-organique. Il fait, en ce qui concerne la connaissance, l'objet des sciences sociales, dites plus généralement, mais plus improprement, sciences morales et politiques. Nous avons donné ailleurs une classification de celles-ci, et nous ne reviendrons donc pas sur ce sujet dans le présent travail (1). Qu'il nous suffise ici de montrer que l'art reste, dans ce nouveau domaine, parfaitement parallèle à la science. Laissons pour un moment de côté ce qui concerne la science et l'art économiques, sur lesquels nous allons insister tout spécialement dès le prochain chapitre. Quels sont, l'art économique mis à part, les principaux arts sociaux ? Ce sont l'art esthétique, l'art religieux, l'art moral, l'art juridique, l'art politique ; ou, si l'on veut prendre les noms plus simples sous lesquels ils sont d'ordinaire connus, ce sont l'esthétique, la religion, la morale, le droit, la politique. En d'autres termes, ce sont les ensembles de préceptes qui disent comment il

(1) Voir nos brochures : *Essai de classification des Sciences Sociales* (1893) ; *l'Organisation Scientifique de l'Histoire* (1894).

faut opérer pour atteindre au beau, pour satisfaire Dieu, pour faire le bien, pour se conformer à la loi, pour gouverner les hommes. Chacun de ces arts pose un but et indique les moyens généraux de l'atteindre. Ils opèrent, donc, dans l'idéal. — Les sciences sociales, elles, opèrent au contraire dans le réel. Elles se préoccupent non de fixer comment les hommes devraient agir, mais de savoir comment en fait ils agissent. Elles font la description des diverses institutions humaines, dans le temps et dans l'espace. Par l'histoire et l'ethnographie (lesquelles ne sont pas des sciences distinctes, mais des procédés généraux dont doivent se servir toutes les sciences sociales), elles scrutent — outre l'évolution économique — l'évolution esthétique, l'évolution religieuse, l'évolution morale, l'évolution juridique, l'évolution politique de l'humanité, et elles s'efforcent d'en découvrir les lois (1). On aperçoit toute la distance qui les sépare des arts sociaux. Il est in-

(1) Herbert Spencer a esquissé, dans ses *Principes de Sociologie*, les lois de l'évolution familiale, politique, cérémonielle et religieuse. En France, M. Letourneau a entrepris la description des principales formes de l'évolution sociale que nous venons d'énumérer. Ses travaux ont été fort discutés, mais c'est dans cette voie pourtant que les hommes de science doivent, avec une information aussi ample et avec autant de sens critique que possible, résolument s'engager.

contestable d'ailleurs que ceux-ci auraient tout intérêt à s'appuyer sur elles. Rien n'est aussi instructif que le spectacle de ce que l'humanité a pensé, dit et fait, pour qui aspire à lui indiquer ce qu'elle devrait dans l'avenir croire et pratiquer. Malheureusement trop peu de moralistes, de législateurs et d'hommes politiques se mettent à l'école de l'histoire. Ce serait pour eux la plus sûre pourtant, si même ce n'est point la seule concevable. En tous cas, leur dédain pour elle nous est une preuve de la profonde différence qu'ils mettent entre leur art et la science.

CHAPITRE VI

COMMENT LA DISTINCTION DE LA SCIENCE ET DE L'ART S'OPÈRE SPONTANÉMENT EN ÉCONOMIE POLITIQUE

Les progrès de la civilisation ont amené, nous venons de le voir, une division spontanée du travail, dans toutes les disciplines, entre les hommes de science contemplative et les théoriciens de l'action. Arrivant à la seule de ces disciplines que nous ayons réservée, à celle qui fait l'objet propre de ce travail, l'économie politique, nous allons constater que le même fait s'y est aussi tout naturellement produit.

Pour le reconnaître, il ne sera même pas nécessaire de jeter un regard en arrière, dans le but de voir cette différenciation s'opérer peu à peu. Il nous suffira de nous attacher à l'état présent de l'économie politique. Celle-ci, en effet, se trouve aujourd'hui profondément divisée. Mais la scission des doctrines et des écoles, si radicale soit-elle, est moins remarquable, croyons-nous, qu'un autre phénomène, qui permet de les classer toutes suivant deux tendances opposées : ce phénomène est précisément leur division générale en théories de science et théories d'art.

I

Ce qui frappe surtout le public, en notre matière, c'est qu'il s'est développé, de nos jours, une multitude de systèmes de réforme sociale. Tous ceux qui les préconisent partent de l'idée, admise d'ailleurs sans grande critique, que notre société est malade, et qu'il est dès lors indispensable, si l'on ne veut pas aboutir prochainement à une catastrophe, de lui porter remède au plus tôt. Mais, à partir de cette base commune, on se divise. Les plus gros bataillons suivent les drapeaux du socialisme. A coup sûr, la discipline la plus parfaite ne règne pas dans cette armée. La logique des doctrines y ferait distinguer trois principales séries : les communistes (anciens socialistes français) qui, pour guérir les maux engendrés par la propriété individuelle, veulent mettre fin à celle-ci complètement et définitivement ; les collectivistes (issus de Karl Marx), reconnaissant la nécessité de laisser à chaque individu un droit exclusif sur le produit de son travail et ne demandant la mise en commun que des instruments de production ; enfin, les nationalistes (du type d'Henry George), qui se contenteraient même de la reprise par l'État du sol et du sous-sol. Seulement la logique n'est pas ce qui distingue le plus nos réformateurs, et nous les voyons se séparer en fait d'après des questions de personnes : en France, nous comptons les blanquistes (comité révolutionnaire central), les guesdistes (parti ouvrier français), les broussistes (fédération des travailleurs socialistes de France) et les allemanistes (parti ouvrier socialiste révolutionnaire), sans citer les socialistes indépendants qui sont, au moins quant aux états-majors, les plus nombreux et les plus connus (1). En outre, l'armée socialiste compte une avant-garde dont elle répudie parfois les actes, mais qui n'en a pas moins un lien assez étroit avec son corps le plus avancé, celui des communistes : nous voulons parler des anarchistes. Et d'autre part, elle a aussi une arrière-garde, où se rencontrent, en Allemagne surtout, plus d'un nom illustre : les socialistes d'État ou de la chaire.

(1) Voir Léon de Seilhac, *Le Monde Socialiste* (1896).

Toute cette masse, assez peu cohérente, constitue l'ensemble des réformateurs de gauche.

Seulement, il y aussi à tenir compte des réformateurs de droite. Là également, l'homogénéité est imparfaite. Les socialistes chrétiens, s'ils respectent la propriété privée, veulent réagir contre presque tous les usages qu'on en a fait de nos jours. Il faut distinguer encore, parmi eux, les catholiques et les protestants, ces derniers bien moins absolus d'ordinaire. L'école de Le Play — nous parlons ici de ceux qui s'attachent aux vues de réforme de cet écrivain, non de ceux qui ne lui empruntent que sa méthode d'investigation et de description — l'école de Le Play, sans aller aussi loin que les socialistes chrétiens, dont l'influence est chez elle mitigée par celle des doctrines libérales, verrait du moins d'un œil assez favorable le retour à certaines organisations industrielles et familiales d'un autre âge.

Entre toutes ces doctrines de droite et de gauche, l'école économiste classique — celle qu'on qualifie d'orthodoxe — essaie de garder son équilibre et son indépendance. Elle s'efforce d'obtenir que l'on reste fidèle aux traditions du libéralisme individualiste adopté, en matière économique, par la Révolution Française. Elle pense que presque tous les maux dont on se plaint viennent d'un développement insuffisant de la liberté, qui, si elle était entière, « saurait d'elle-même, comme la lance d'Achille, guérir les blessures qu'elle fait. » C'est là un optimisme qui peut réserver bien des déceptions et des mécomptes. En tous cas, ce qui n'est pas contestable, c'est que cette école possède, comme les autres, sa formule à elle, formule négative si l'on veut, puisqu'elle dit simplement : « laissez faire », mais formule qui n'en a pas moins, à l'instar des formules socialistes ou religieuses, la prétention d'assurer, si elle était suivie, le bonheur de la société.

En résumé, tous les systèmes que nous venons de passer en revue ont pour fin d'indiquer aux hommes la voie économique où ils devraient s'engager, pour arriver au maximum de satisfactions. Mais leur grand défaut à tous, c'est d'être des systèmes subjectifs. Leurs inventeurs les ont construits d'après leurs vues propres, leurs aspirations individuelles, disons le mot, leurs fantaisies. De là vient que ces systèmes concordent si peu les uns avec les autres. De là vient aussi qu'aucun d'eux ne saurait prétendre à l'entière perfection, et que chacun d'eux, quand on l'a appliqué exclusivement, s'est montré impuissant à tenir toutes ses promesses, et a engendré de graves mécontentements et des révoltes.

II

Cet échec successif des diverses doctrines d'art économique, dans leur essai de réalisation pratique, a amené de bons esprits à se demander s'il ne convenait pas de changer de méthode ; si, avant de prétendre déterminer comment le monde devrait être, il ne faudrait pas étudier d'abord comment il est en réalité. De là sont issues des recherches scientifiques, qui ont eu ainsi des préoccupations pratiques pour première origine, mais qui peu à peu ont été amenées à se détacher de leur fin primitive pour vivre de leur vie propre. Veut-on des exemples de cette évolution ? La statistique de la population a d'abord été introduite dans un intérêt fiscal ; elle a, depuis lors, fait l'objet des études de nombre d'esprits, qui ne cherchent plus en elle que des renseignements d'un intérêt purement scientifique. Les monographies ont été introduites par Le Play pour servir à ses vues de réforme sociale ; actuellement, certains de ses disciples continuent à employer la méthode sans se préoccuper de la fin (1). C'est là, du reste,

(1) Voir, en ce sens, P. du Maroussem, *La Question ouvrière*, introduction au tome premier (*Charpentiers de Paris*).

un phénomène qui est général dans le monde social. Nombre d'institutions, créées dans un but déterminé, survivent à la pensée qui leur avait donné naissance, parce que d'autres besoins se sont révélés, qui en rendent *nécessaire* le maintien. Ainsi des impôts institués en vue d'une circonstance exceptionnelle et destinés à disparaître avec elle, demeurent après qu'elle a cessé, pour faire face à des nécessités d'un autre ordre. Rien d'étonnant dès lors si la science économique, née pour aider l'art social et suppléer à son insuffisance, a acquis de nos jours une valeur propre, qui la rend, dans une certaine mesure tout au moins, indépendante de sa destination originaire.

Les procédés que cette science emploie sont du reste variables, ce qui fait qu'une division s'opère entre ceux qui la cultivent. S'agit-il d'examiner les sociétés au milieu desquelles nous vivons, celles de l'Occident contemporain ? Deux groupes de chercheurs se les partagent : ce sont les statisticiens et les monographistes. Les premiers tâchent de dégager les faits généraux, les seconds s'attachent de préférence aux faits particuliers. Les uns font le relevé de la surface sociale, les autres donnent des coups de sonde dans sa profondeur. La statistique aboutit à des moyennes, la monographie se confine dans les individualités. Celle-ci a l'avantage de reproduire la vie dans son aspect concret et animé, changeant aussi et périssable. Celle-là a la prérogative contraire d'en montrer les lois, abstraites et un peu sèches sans doute, mais stables et dominatrices. Nous verrons, dans d'autres chapitres de ce travail, comment l'économie politique peut tour à tour faire usage de ces deux procédés. Ici nous devions nous contenter d'en indiquer le principe.

Seulement les sociétés au milieu desquelles nous vivons ne sont pas les seules. Il y a des sociétés éloignées de nous par l'espace, quoique contemporaines dans le temps. L'ethnographie permet d'en prendre connaissance : les récits des voyageurs servent ici de documents. Il y a aussi des sociétés séparées de nous par le temps, des sociétés disparues. Elles n'en sont pas moins fort intéressantes à étudier : car elles contenaient le germe des institutions que nous voyons fleurir dans les nôtres, et une institution ne se comprend pleinement que si on sait sous quelles influences elle a apparu et par quelles phases successives elle a passé. C'est à l'histoire qu'il faut demander de reconstituer ces temps anciens : elle s'aidera, pour le faire, de l'archéologie, de la linguistique, de la paléographie, de la numismatique, etc... — D'ailleurs, les efforts de l'historien, comme ceux de l'ethnographe, tendent à nous donner, sur les sociétés qu'ils étudient, soit des vues d'ensemble, soit des vues partielles. Leurs buts ne sont donc pas distincts de ceux du statisticien et du monographiste. Les procédés seulement diffèrent, suivant la nature de la société considérée. Mais toutes ces méthodes ont ce trait commun, d'être des méthodes d'investigation scientifique. Elles servent à scruter les faits relatifs à la production, à la circulation, à la répartition et à la consommation des richesses, tout aussi bien qu'à scruter l'ensemble des autres phénomènes sociaux. Elles permettent donc de constituer une science économique véritable. Et comme, à l'heure présente, elles sont heureusement de plus en plus répandues, on peut dire que la science économique s'élabore chaque jour avec des procédés qui vont en se précisant sans cesse davantage, et qui la différencient par là même, de plus en plus, de l'art correspondant.

CHAPITRE VII

LES LOIS DE LA SCIENCE ÉCONOMIQUE ET LES LOIS DE L'ART ÉCONOMIQUE

La différence entre la science et l'art, en matière économique aussi bien qu'en toute autre matière, a été établie dans ce qui précède, d'abord par le raisonnement et la logique, puis par l'observation de la division spontanée du travail entre les chercheurs. Il faut, pour compléter cette démonstration, écarter des objections que notre théorie soulève et élucider les points que jusqu'ici elle laisse dans l'ombre (1).

(1) Malgré la haute estime en laquelle nous tenons les savants travaux de M. Cauwès, nous ne croyons pas qu'il y ait lieu de s'arrêter à l'objection qu'il fait à la distinction de la science et de l'art. « L'économie politique, dit-il, est la science de l'utile. L'utile sans un but ? C'est un non-sens ». (*Cours d'Economie Politique,* tome I, p. 33.)

La plus importante des objections qu'on lui pourrait faire, c'est que la science économique et l'art économique déclarent tous deux avoir pour fin principale la fixation des *lois* relatives à la richesse. Si leur but est ainsi le même, dira-t-on, en quoi donc leur distinction subsiste-t-elle ?

Notre réponse sera que cette *identité* de but n'est qu'une apparence. Les lois de la science économique et les lois de l'art *économique* sont deux sortes de lois parfaitement distinctes. Nous allons le démontrer, comme précédemment, par le raisonnement, pour le confirmer ensuite par l'observation.

I

Rationnellement, tout d'abord, la différence de nature entre les lois de la science et les lois de l'art paraît aisée à déduire de ce qui précède. Les lois scientifiques sont des constatations. Elles résu-

A coup sûr, répondrons-nous, l'économie politique s'occupe des buts de l'homme, au moins en tant que ces buts concernent la richesse. Seulement, autre chose est de chercher quels buts les hommes se sont en fait proposés (ce qui incombe à la science), autre chose de leur proposer soi-même un but (ce qui est l'œuvre de l'art).

ment les faits, ou plutôt les rapports entre les faits. Lorsqu'une relation entre deux phénomènes a été, par l'observation répétée et la comparaison des divers cas, reconnue comme ayant une réelle constance, le savant est autorisé à dire qu'elle constitue une loi. C'est l'acception qu'a ce mot dans les sciences physiques et dans les sciences biologiques ; elle ne saurait être autre dans les sciences sociales. Sur ce dernier terrain comme sur tous les autres, les lois scientifiques sont bien, selon la formule de Montesquieu, « des rapports nécessaires qui dérivent de la nature des choses ».

Bien différentes sont les lois de l'art. Elle n'ont pas pour rôle de constater ce qui est, mais de prescrire ce qui devrait être. Elles ne se soucient pas des rapports effectifs des choses, elles visent à imposer aux hommes des actes, c'est-à-dire des manières de faire définies, dans leurs relations avec leurs semblables ou avec la nature. C'est en ce sens qu'il faut comprendre ce qu'on appelle les « lois morales ». Celles-ci constituent des ordres donnés à l'homme par sa conscience ou par un législateur supérieur au monde. « Tu ne tueras point, tu ne voleras point », dit le Décalogue. « Aime ton prochain comme toi-même », ajoute l'Évangile. « Agis toujours de façon à traiter l'humanité comme une fin, non comme un moyen », proclame Kant. Toutes ces maximes, si distinctes qu'elles semblent, ont au moins ceci de commun, qu'elles constituent au même degré des lois morales, c'est-à-dire des préceptes d'action. — Leur différence avec les lois scientifiques est bien nette. Celles-ci expriment une réalité invariable et nécessaire, qui ne peut pas ne pas être. Celles-là au contraire formulent un commandement, que l'homme est maître de suivre ou de mépriser. Sans doute, s'il le méprise, il y aura une sanction. Seulement la sanction n'apparaît pas dans la formule de la loi morale, qui reste ainsi, par elle-même, une pure prescription. — Les lois juridiques ont même nature. Chaque article du Code Civil, du Code de Commerce, du Code de Procédure civile est, au moins implicitement, un ordre donné aux citoyens de faire telle chose dans certaines circonstances, ou, plus ordinairement, de s'abstenir de telle conduite dans des éventualités définies. Pour les infractions les plus graves à certaines de ces prescriptions, il y a des sanctions inscrites dans le Code Pénal. Mais pour les plus légères, qui sont les plus nombreuses, la seule sanction consiste dans l'invalidité, dans la nullité absolue ou l'annulabilité de l'acte fait contrairement au texte. Et cette sorte de sanction n'est presque jamais formellement exprimée par la loi. En un mot donc, la loi civile a, du moins en principe, le même caractère général (au point de vue qui nous occupe ici) que la loi morale. Elle veut créer un état de choses qui lui paraît le meilleur possible. Et tel est le caractère de toutes les lois de l'art, tandis que les lois de la science ne visent qu'à embrasser dans leur formule l'état de choses existant, sans se prononcer sur sa valeur et sur son perfectionnement possible.

De cette différence de nature une autre s'en suit : c'est une différence de formule. Les lois scientifiques, constatant ce qui est, s'expriment à l'indificatif : « l'eau bout à cent degrés ; la réaction est égale à l'action, etc... » Les lois de l'art, contenant des ordres, se mettent à l'impératif : « fais ce que dois ; aimez-vous les uns les autres, etc. » Il est vrai que nous en avons cité une, un peu plus haut, qui est (ou plutôt semble être) à l'indicatif futur ; c'est le précepte du Décalogue : « tu ne tueras point ; tu ne voleras point ». Mais qui n'aperçoit que ces façons de parler signifient en réalité : « ne tue pas ; ne vole pas » ? De même, lorsque nos instructions militaires (toute idée irrévérencieuse exclue de la comparaison) disent : « le capitaine se consacre exclusivement à sa compagnie », cet indicatif n'équivaut qu'à un impératif. Ce n'est pas une vérité scientifique qu'exprime cette phrase, car on sait bien que les officiers ne songent pas tout le jour au progrès de leurs troupes. C'est simplement un ordre qu'elle donne, un ordre qui, en raison des habitudes de discipline de l'armée, est réputé obéi aussitôt que donné. Voilà pourquoi le rédacteur de la « théorie militaire » (une théorie d'art, par excellence) n'a point même songé à atténuer la force de l'indicatif qu'il employait en le mettant au temps futur.

Enfin, une troisième différence mérite encore d'être relevée. Pour la science, les lois sont le terme auquel elle espère aboutir. Ce n'est qu'après avoir constaté et vérifié minutieusement nombre de faits, après les avoir comparés, définis, classés, après avoir institué pour leur contrôle d'instructives expériences, que le savant se croit en droit d'émettre l'hypothèse d'une loi qui les régirait. Avant que cette hypothèse n'acquière pour la science la valeur d'une certitude, que d'enquêtes et de contre-enquêtes devront encore être faites ! L'établissement d'une loi est chose grave, aussi glorieuse que difficile. Pour y aboutir il n'est aucune peine que l'on ménage. Réussir à formuler une loi définitive est le succès le plus précieux que le savant puisse entrevoir au terme de sa carrière. Car une loi est le résumé et la synthèse de toute l'expérience et de toute la science humaine sur un point donné.

Pour l'art, il n'en est plus de même. Les lois, qui sont ici des préceptes, n'ont plus leur place au terme de l'activité, mais antérieurement. Sans doute, avant de proposer un précepte, celui qui s'adonne à l'art doit mûrement se consulter. Il doit peser tous les besoins qu'il s'agit de satisfaire, puis examiner tous les moyens d'y donner satisfaction. Ce n'est que par le rapprochement de ces deux termes qu'il pourra formuler sa règle d'action. Mais quoi ! Celle-ci proclamée, le plus difficile demeure à faire. Car il reste à l'exécuter. Et l'exécution pourra réserver des désillusions, si bien que la règle, reconnue impraticable, devra souvent être modifiée. La loi n'apparaît donc plus, en cette matière, comme un sommet, comme un aboutissant de l'expérience et de la science. Elle se rencontre à mi-côte, sur le chemin de descente, lorsqu'on passe des hauteurs de l'art pur aux déclivités de la pratique ; elle est la limite de ces deux domaines ; mais c'est une limite instable, puisque les efforts qui s'exercent dans le domaine de la pratique amènent souvent, nous venons de le voir, à la déplacer.

On pourrait songer à tirer de cette instabilité même un quatrième criterium pour différencier les lois de la science et celles de l'art. Les premières, dirait-on, sont immuables, les secondes varient avec les circonstances. Mais cette proposition ne nous paraît pas des plus sûres. Si les lois physiques et chimiques semblent en effet universelles, au moins sur notre globe (encore sait-on que même là elles ne sont vraies souvent, comme la loi de Mariotte, qu'entre certaines limites), nous n'oserions pas en affirmer autant des lois sociales. Il se peut que celles-ci ne s'appliquent chacune qu'à une forme de société déterminée. Sans doute, un rapport de causalité entre deux phénomènes, s'il est bien établi, doit rester vrai partout. Mais ce rapport de causalité signifie simplement que, *si* le premier de ces deux phénomènes vient à se produire, le second s'ensuivra. Or, supposons que le premier phénomène, qui s'est rencontré dans une société, ne se trouve pas dans une autre, en raison justement de la différence de constitution de ces deux groupes humains. Le second phénomène, dès lors, ne se présentera pas non plus à l'observateur, et par conséquent le rapport entre les deux ne pourra plus être constaté. Conséquence : une loi de la science sociale, bien qu'elle soit universelle en logique, peut avoir un champ d'action très restreint en *réalité*. Elle n'a donc pas, à cet égard, une supériorité véritable sur un précepte de l'art social. Mais la séparation entre ces lois et ces préceptes est suffisamment caractérisée, nous semble-t-il, par les trois autres ordres de différences que nous avons antérieurement relevés.

II

Il reste à montrer que nos vues coïncident bien avec les faits, que la distinction des deux sortes de lois existe pratiquement. Ceci n'a rien que d'aisé. Les formules de l'économie politique se peuvent répartir sans peine, et comme d'elles-mêmes, entre nos deux catégories.

Veut-on des lois scientiques? Nous ne nous engageons pas à en indiquer d'irréfutables : car il n'en est aucune qui n'ait été, quant à sa valeur, fort mise en doute. La loi même de l'offre et de la demande a récemment trouvé un adversaire chez un sociologue de grand mérite (1). Mais enfin nous pouvons citer un certain nombre de formules économiques qui toutes, si elles ne possèdent pas l'iné-

(1) G. Tarde, *La Logique sociale*, chapitre de *l'Economie politique*.

branlable solidité des lois définitivement établies par les sciences physiques, prétendent au rôle et ont la forme de lois scientifiques. C'est d'abord la loi précitée de l'offre et de la demande, base de toute la chrématistique, loi qui, dégagée des exagérations mathématiques qui ne feraient que la compromettre, peut se formuler ainsi : « Les choses coûtent d'autant plus cher qu'elles sont plus demandées et moins offertes. » Ce sont encore :

1° La loi de Ricardo : « La rente du sol croît avec le temps »;

2° La loi de Malthus : « La population a une tendance à croître en progression géométrique, tandis que les subsistances ne croissent qu'en progression arithmétique »;

3° La loi de J.-B. Say, dite loi des débouchés : « Les produits trouvent d'autant plus aisément à s'échanger qu'ils sont plus abondants et plus variés »;

4° La célèbre *loi d'airain*, formulée par Lassalle: « Le salaire du travailleur tombe toujours au minimum nécessaire pour entretenir son existence »;

5° La loi du rendement, moins que proportionnel pour l'agriculture, plus que proportionnel pour l'industrie;

6° La loi de Gresham : « La mauvaise monnaie chasse la bonne »;

7° La loi de substitution, sur laquelle M. Paul Leroy-Beaulieu a récemment fort insisté (1), et d'après laquelle, d'une part, quand un besoin devient difficile à contenter, des besoins analogues d'une satisfaction plus aisée se développent à sa place dans nos esprits, et d'autre part, quand une substance utile vient à manquer, des succédanés sont bientôt découverts pour la remplacer.

Nous le répétons, il y aurait les plus expresses réserves à faire sur la valeur de la plupart de ces lois. Mais enfin un point est certain : c'est que, si elles étaient démontrées, elles viendraient prendre rang dans les inductions de la science. C'est donc bien de l'investigation scientifique que leur vérification dépend.

Au contraire, d'autres lois économiques ne relèvent que de l'art. Tel est le précepte des physiocrates : « laissez faire, laissez passer », base de toutes les règles pratiques de l'école libérale, et d'où découlent la non-intervention de l'État en matière industrielle, la suppression de tous droits protecteurs aux frontières, etc... Tels sont encore, pour en venir à une école opposée, les préceptes qui, selon les socialistes, devraient régir la répar-

(1) Paul Leroy-Beaulieu. *Traité théorique et pratique d'Economie politique*, 4 volumes, *passim*.

tition des richesses. « A chacun selon ses besoins », déclarent les uns. « A chacun suivant ses services », proclament les autres. « A chacun suivant ses besoins, dans la mesure de ses services », dit-on plus volontiers aujourd'hui. Enfin, dans le même ordre de lois, nous rangerons les célèbres maximes d'Adam Smith sur l'impôt : « qu'il soit levé en raison des facultés de chacun ; que sa quotité soit certaine ; que son mode de perception s'adapte aux préférences du contribuable ; que son coût de perception soit réduit au minimum ». A ces règles, les uns ajoutent : « qu'il soit unique », et les autres : « qu'il soit multiple » ; certains : « qu'il porte sur le revenu seul », et leurs adversaires : « qu'il frappe aussi et surtout le capital », sans compter le débat, qui n'est pas prêt de se clore, sur son caractère de proportionnalité ou de progressivité, les divers partis en présence se réclamant également de la justice, de la liberté, de l'intérêt fiscal et de l'intérêt social... Il ne nous appartient pas, à coup sûr, de prendre ici parti dans les discussions de cette sorte. Chacune d'elles demanderait un volume pour être traitée avec les développements qu'elle mérite. Nous n'avons voulu mettre en lumière qu'un seul point : c'est que toutes ces maximes sont des préceptes de l'art, ne relevant point des procédés d'examen de la science proprement dite. Par ces exemples concrets, nous avons cherché à montrer que les formules auxquelles aboutissent l'expérience et la science sont choses tout à fait distinctes de celles auxquelles conduit l'art et que la pratique cherche à réaliser. Les préceptes d'art, proposés par les diverses écoles, peuvent être opposés les uns aux autres ; les relations d'ordre scientifique, admises par certains écrivains, peuvent être trouvées contraires à celles que certains autres ont cru constater. Mais, entre lois de l'art et lois de la science, il ne peut jamais y avoir contradiction directe, parce qu'il ne peut jamais y avoir identité. Ce sont formules d'essences différentes, entre lesquelles la nature établit une double impossibilité de coïncider et de se heurter (1).

(1) Cela n'empêche pas, évidemment, que les lois de la science ne puissent être mises au service de l'art, et conduire ainsi à abandonner certains préceptes pratiques vieillis. Mais cette élimination n'a lieu que par voie de conséquence, plus ou moins rapidement admise, et non par une nécessité logique immédiate.

CHAPITRE VIII

ANTÉRIORITÉ RELATIVE DE L'ART ÉCONOMIQUE ET DE LA SCIENCE ÉCONOMIQUE

C'est une idée devenue courante que l'art est antérieur en date à la science, dans le domaine économique comme dans tous les autres. Que vaut au juste cette idée ?

Ce qui la rend si répandue en France, il ne faut pas craindre de le dire, c'est la fausse conception régnant dans l'école classique sur la nature respective de la science et de l'art, conception que nous avons indiquée et critiquée dès le premier chapitre de ce travail. M. Frédéric Passy et les membres de son école entendent par art ce à quoi revient (selon nous) l'appellation de pratique ; ils décernent le nom de science à ce qui se doit (à notre avis) intituler l'art. Dans ces conditions, ils n'ont pas de peine à montrer que l'art est antérieur à la science. Il est fort clair, en effet, que la pratique a précédé l'art (au sens vrai de ce mot). Celui-ci n'est même que la systématisation réfléchie des principes de la pratique. Or cette systématisation n'a pu exister dès l'origine. Lorsque l'humanité n'était pas encore sortie de la sauvagerie, elle demeurait totalement inconnue. La pratique existait pourtant dès lors. Elle a donc précédé, chronologiquement, l'art. Nous l'avons reconnu nous-même, et cela n'a rien, au fond, que d'évident.

Mais la question devient singulièrement plus délicate quand on prend les termes d'art et de science dans leur véritable sens — on nous permettra d'appeler ainsi, pour plus de brièveté, quoique immodestement, le sens que nous leur avons assigné dans cette étude. La difficulté apparaît alors la suivante.

D'une part, nous avons vu (1) que les recherches de la science économique sont nées dans une vue pratique, afin que leurs résultats permissent à l'art correspondant de s'édifier sur des bases plus solides que celles sur lesquelles il reposait jusque-là. Cela suppose que l'art existait avant la

(1) Chapitre VI, II, page 56.

science, puisque celle-ci a été créée pour lui venir en aide.

D'un autre côté pourtant, n'avons-nous pas dit (1) que tout essai de réforme suppose quelque notion générale du monde social ? qu'on ne désire que ce qu'on connaît d'une certaine manière ? Nécessairement, un effort pour conduire la société dans une voie quelconque dérive de l'idée qu'on se fait de son état présent, soit qu'on le loue et qu'on veuille alors le renforcer encore, soit qu'on le blâme et qu'on cherche par suite à y échapper. — Cela est vrai également, et cela semble pourtant contradictoire avec la proposition précédente. Comment résoudre l'antinomie ? En voici, croyons-nous, le moyen.

La tendance au meilleur état futur ne s'exerce que sur une matière donnée, qui est l'état présent. Elle ne se réduit pas — nous l'avons déjà démontré (2) — à la constatation de cet état ; elle implique chez l'homme une autre faculté que celle d'emmagasiner des impressions, elle suppose en lui un pouvoir de réaction propre. Ce pouvoir se traduit tout d'abord par des impulsions isolées, par des actes faiblement cohérents. Ce n'est que

(1) Chapitre IV, § II, page 59.
(2) Chapitre IV, § I, page 55.

plus tard qu'une coordination s'établit entre ces réactions, que l'homme se fait ses règles de pratique. Si lentes qu'elles soient à se produire, elles sont cependant déterminées, par les nécessités de l'existence, à se constituer plus vite que ne se constitue la connaissance, et plus vite qu'il ne le faudrait pour qu'elles-mêmes pussent être sévèrement critiquées. On veut des principes pour l'action, avant que les besoins de science ne se soient fait jour. On se hâte donc de réunir les idées qui, jusque-là, guidaient confusément la pratique, sans prendre la peine encore de réunir celles qu'on s'était formées tant bien que mal sur la réalité des choses. Mais les principes d'action ainsi constitués sont bien hâtifs : ils ne résistent pas à la mise en pratique. C'est alors que, pour leur. donner une base plus solide, on s'avise de scruter le réel. La science sociale ne naît qu'à cette date. Voilà, ce nous semble, la solution de l'antinomie. L'impulsion qui donne naissance à la pratique suppose quelque expérience, celle qui donne naissance à l'art exige des idées plus mûres. Mais la coordination de ces dernières n'est pas encore faite scientifiquement, alors que s'est déjà effectuée une première coordination des règles d'action. L'art demeure donc bien véritablement antérieur par son origine à la science.

Seulement c'est là une simple antériorité chronologique ; ce n'est pas ce que les dialecticiens appellent antériorité logique. A ce nouveau point de vue, la science reprendrait l'avantage. Une action efficace n'étant possible que grâce à une connaissance avancée, les progrès véritables de l'art supposent, réalisées avant eux, des découvertes faites par la science. Ceci, d'ailleurs, s'accorde parfaitement avec ce qui vient d'être dit. La science est née après l'art, mais pour lui venir en aide ; il est donc tout naturel que ce soit par son concours qu'il se renforce et s'affermisse.

Quant à établir entre la science et l'art une « hiérarchie », une préséance, on comprend que tel n'a point été ici notre but. Toute étude est digne de respect, qu'elle vise à la connaissance pure ou à l'application. On ne peut même pas dire que la dernière soit plus utile à l'humanité que la première, puisque sans les travaux de la science ceux de l'art n'auraient aucune solidité. Nous devons honorer également l'effort vers le vrai et l'effort vers le juste, étant certains d'avance que la vérité ne peut conduire qu'à la justice, et que la justice ne peut s'appuyer que sur la vérité.

CHAPITRE IX

LA MÉTHODE DE LA SCIENCE ÉCONOMIQUE

Avec les deux précédents chapitres, nous avons écarté des objections ou éclairci des difficultés qui embarrassaient notre marche. Nous pouvons désormais la continuer, en montrant comment la différence de nature qui existe entre la science économique et l'art économique entraîne nécessairement une différence non moins accentuée entre les méthodes que suivent (ou que devraient suivre) ces deux branches de l'économie politique. Parlons, en premier lieu, de la méthode qui convient à la science économique.

I

Les procédés dont se servent les divers ordres de science sont à la fois analogues et distincts entre eux. Mais les analogies sont fondamentales, les distinctions ne sont relativement que secondaires. Toute espèce de science a en effet, pour but l'investigation de la réalité. Et les moyens généraux pour atteindre le réel sont partout les mêmes. La première opération consistera toujours à observer les faits ; à cette observation simple pourra se joindre parfois l'expérimentation, qui consiste à provoquer l'apparition des phénomènes qu'on veut étudier. Une fois les données sensibles recueillies, il y aura lieu de les classer. Puis on cherchera à établir entre elles des rapports constants de succession ou de coexistence, c'est-à-dire à en induire les lois. Enfin, des lois générales dûment constituées, on pourra, en les combinant entre elles, déduire par le raisonnement des formules nouvelles. Toute espèce de méthode scientifique compte donc ces cinq termes : observation, expérimentation, classification, induction, déduction.

Mais naturellement la manière de mettre en œuvre ces divers procédés varie avec l'objet qu'il s'agit d'étudier. Par exemple, il est telle matière dans laquelle l'emploi de l'expérimentation sera aisé et des plus fructueux : cette méthode prendra alors un développement tout particulier ; ce sera le cas pour la physique et pour la chimie. Il est d'autres espèces, au contraire, dans lesquelles son usage sera impossible, parce que l'homme n'a aucune prise sur la matière à connaître : l'exemple en est dans l'astronomie.

D'un autre côté, il importe aussi de tenir compte du degré d'avancement relatif de chaque science. Celles dont l'objet est le plus simple, en ont plus vite achevé l'étude : elles peuvent donc rapidement passer du stade observation (ou expérimentation) au stade classification, puis aux stades induction et même déduction. Ainsi les mathématiques, dont l'objet est le plus simple de tous, étant le plus abstrait, ont d'abord commencé, comme toutes les autres sciences, par l'observation du réel, par la mesure concrète des grandeurs géométriques ; mais elles ont eu bien vite achevé ces constatations : ayant classé les figures en quelques catégories simples, elles ont pu rapidement induire les lois constantes de chacune, et elles n'ont plus eu dès lors qu'à raisonner sur ces lois générales pour en tirer de nouvelles. Voilà pourquoi elles ne procèdent plus aujourd'hui que par déduction. Mais cela ne doit pas nous faire oublier leurs procédés originaires. Les autres sciences les ont suivies dans la même voie, plus ou moins vite suivant la complexité de leurs objets. La physique les a presque rejointes. Elle procède aujourd'hui surtout par raisonnement mathématique. Elle est devenue presque toute déductive. La chimie, elle, n'en est guère qu'au stade de la constitution des lois par induction, quoique naturellement la déduction commence aussitôt à s'appliquer aux lois découvertes. Les sciences biologiques, moins avancées, ne font jusqu'ici qu'entrevoir certaines grandes lois (dues surtout à l'introduction des idées évolutives) et la classification demeure leur principal objectif. Les sciences sociales, les dernières venues et les plus complexes, en sont encore à accroître par l'observation les données dont elles disposent.

On le voit donc, la méthode fondamentale est unique pour toutes les sciences ; seulement les procédés à appliquer sur chaque point particulier varient suivant la nature spéciale de l'objet à étudier et l'état d'avancement de nos connaissances. Cette différenciation superficielle ne saurait masquer l'unité fondamentale, laquelle ne permet pas d'établir, comme on le dit trop souvent, une distinction de principe entre la méthode des sciences mathématiques, celle des sciences naturelles, et celle des sciences qu'on appelle — d'un terme beaucoup trop restreint, nous l'avons déjà dit — les sciences morales.

II

Ces explications nous paraissaient nécessaires pour montrer ce qu'il y a de commun à la méthode de la science économique et à celles des autres sciences. Voyons maintenant ce que la première contient de spécifique. C'est surtout en ce qui concerne la constatation des faits que nous aurons à nous prononcer, puisque, comme nous venons de le dire, les sciences sociales, parmi lesquelles se range la science économique, n'en sont guère encore qu'à ce stade.

Le procédé éminemment fécond des sciences physiques, l'expérimentation, est-il ici applicable ? On le souhaiterait. Les faits expérimentaux ont, en effet, sur ceux que fournit la simple observation, l'avantage d'être plus clairs et plus instructifs, car, se produisant dans des conditions qu'a réglées l'expérimentateur lui-même, ils se laissent constater, en eux-mêmes et dans leurs circonstances concomitantes, d'une façon beaucoup plus précise. Malheureusement, il semble bien qu'il faille reconnaître que l'expérimentation est de peu d'usage dans la science économique(1). En effet, l'homme de science ne dispose pas à son gré des forces so-

(1) Nous verrons dans le prochain chapitre qu'elle peut

ciales, comme le physicien ou le chimiste disposent des forces inorganiques qu'ils font agir. L'économiste n'est pas — en général — à la tête des États, ce qui serait nécessaire pour mettre dans sa main les moyens d'expérimenter. Le fût-il d'ailleurs, qu'il resterait impuissant à modifier les mobiles d'intérêt personnel (les plus puissants en matière économique) parce que les gouvernements n'ont point de prise sur eux. Enfin, le suppose-t-on entièrement en mesure d'expérimenter, il reste à savoir s'il voudrait le faire, ou plus exactement s'il devrait le vouloir. C'est toujours chose grave, qu'opérer une expérience sur tout un peuple. On peut pourtant légitimement la tenter, quand celui-ci souffre d'un mal dont l'expérience, si elle réussit, doit le guérir. Mais cela ne justifie que les tentatives expérimentales de l'art et de la pratique, non celles de la science pure. Modifier la constitution politique ou économique d'un État, uniquement pour savoir ce qui en résulterait, qui donc en aurait le courage ? Qui voudrait risquer une telle expérience ?

L'homme de science ne saurait par suite, en matière économique, expérimenter par lui-même.

être très fructueusement employée dans la pratique économique.

Mais bien entendu il peut et doit mettre à profit les expériences faites par le politique dans un but d'intérêt pratique. Ainsi l'application d'un nouveau tarif de douanes, une réforme monétaire, une loi sur la durée du travail ou ses conditions d'hygiène et de salubrité, la création d'une taxe, etc..., peuvent lui fournir matière aux plus intéressantes constatations. Il y a alors, en effet, introduction dans la vie sociale d'un facteur nouveau : on est parfois même dans le cas de l'expérimentation, lors qu'il y a création voulue du phénomène-cause — non pas, il est vrai, par l'homme de science lui-même, mais enfin par un politique qui agit consciemment et avec l'intention expresse de ne faire qu'une expérience. Il est donc pour le savant extrêmement intéressant de suivre les phénomènes-effets qui se produiront en conséquence de cette introduction. Mais la difficulté sera de dégager les effets propres à cette cause, de la masse énorme des autres faits sociaux qui se produiront concomitamment, de façon à isoler l'action de ce facteur nouveau des actions simultanées de tous les autres, qui tendent à la voiler.

D'autre part, il n'est pas non plus impossible que, même sans intervention du législateur, le jeu spontané de la vie sociale produise parfois l'apparition d'un phénomène original et bien caractérisé, dont l'homme de science pourra ainsi délimiter la portée et les conséquences. Telle a été, par exemple, la révolution produite par les découvertes et les exploitations successives des mines de Californie, d'Australie, de Névada, du Transvaal. Mais bien entendu ce ne sera plus là que l'analogue partiel d'une expérimentation, puisqu'aucune intention expérimentale ne préside à la naissance du phénomène. D'ailleurs il y a ici la même difficulté que nous signalions plus haut : celle de reconnaître la part exacte du fait récent dans l'évolution sociale infiniment complexe qui se produit postérieurement à sa naissance.

En un mot donc, l'expérimentation proprement dite est d'un usage bien plus difficile dans les sciences sociales que dans les sciences inorganiques (les sciences biologiques, ici comme partout, nous montreraient la transition entre ces deux groupes). Ce qui résulte de là, c'est que c'est à l'observation surtout que la science économique doit demander les faits dont elle a besoin.

Les procédés dont use l'observation économique, nous les avons déjà indiqués. Loin de se confiner en un point de l'espace et du temps, elle doit porter ses investigations sur toutes les époques et tous les pays. Il a été montré qu'elle est ainsi amenée à faire appel à l'histoire et à l'ethnographie (1). Mais, en ce qui concerne l'étude des grandes sociétés contemporaines, nous avons vu qu'elle peut recourir à deux voies principales : la statistique et la monographie, que nous avons caractérisées l'une et l'autre (2). Il nous reste à prendre parti dans le débat depuis longtemps ouvert et toujours pendant entre les défenseurs exclusifs de ces deux modes d'investigation. Pour nous, tous les deux ont leur mérite. La statistique fait connaître les faits généraux et par là conduit à établir entre eux ces rapports constants qui sont des lois. Elle a donc, à cet égard, un avantage incontestable sur la monographie. Car celle-ci ne donne vue que sur un coin isolé des choses. Il est vrai que ses principaux partisans déclarent qu'on choisira, pour les monographier, des types sociaux, par exemple des familles-types, c'est-à-dire celles dont les traits constitutifs accentuent de la façon la plus nette ce qui se retrouve dans toutes les familles de la même région. Mais comment savoir qu'un groupe est typique, si l'on n'a étudié les groupes avoisinants et établi entre eux tous des comparaisons ? Or ce relevé, n'est-ce pas déjà une statistique ? Voilà justement pourquoi les

(1) Voir chapitre VI, § II, page 58.
(2) Voir chapitre VI, § II, page 57.

monographistes les plus avisés déclarent aujourd'hui que le choix du type à décrire sera facilité par l'examen des statistiques. C'est donc que ce dernier procédé doit être cultivé avant l'autre. Cela n'empêche pas d'ailleurs que la monographie ne garde son intérêt. Non-seulement sa valeur sera grande pour la pratique, comme nous le montrerons plus loin, mais elle est appréciable pour la science même. La statistique, en effet, ne nous livre que des résumés numériques; elle ne nous permet donc d'atteindre le corps social que desséché, pour ainsi dire, et réduit à son ossature. Pour pénétrer le ressort intime de son fonctionnement, il nous faut voir s'agiter devant nous des êtres particuliers, dans leur complexité déjà infinie et à peine saisissable sans doute, mais aussi dans leur réalité concrète et vivante. La monographie sert à nous procurer cette impression, nécessaire pour nous assurer que nous raisonnons bien sur des faits et non sur d'intangibles abstractions. — Aussi ces deux procédés, statistique et monographie, vont-ils s'associant et se pénétrant sans cesse plus intimement, au grand profit de la science sociale, et particulièrement de la science économique (1).

(1) Voir notamment Cheysson et Toqué, *Les budgets comparés de cent familles ouvrières*.

Il demeure évident, du reste, que les résultats des monographies, comme ceux des statistiques, doivent être toujours contrôlés et interprétés par l'économiste qui veut s'en servir. Pour les premières, le contrôle consistera dans le rapprochement avec les résultats d'autres monographies ou d'enquêtes d'un caractère plus général. Pour les secondes, il comportera le rapprochement avec les données obtenues dans d'autres pays et d'autres années. Pour les unes et les autres, on procédera par une double étude en vue de reconnaître : 1° les difficultés inhérentes à l'objet traité et les causes intrinsèques qui ont pu cacher ou modifier son véritable aspect aux yeux de l'investigateur ; 2° le caractère de celui-ci, et les raisons personnelles qu'il a pu avoir de laisser échapper ou même d'altérer la vérité. On fera donc ainsi, et objectivement et subjectivement, ce que les logiciens appellent la critique des témoignages.

Les faits une fois recueillis et vérifiés, il s'agit de les grouper suivant leurs affinités logiques. Cette opération de la classification n'a pas une moindre importance pour les sciences sociales que pour les sciences biologiques. Quels précieux services rendrait, par exemple, à l'économie politique une classification complète des modes d'exploitation agricole, des industries manufacturières, des organisations commerciales, aux divers points de vue du chiffre du personnel employé, des résultats pécuniaires atteints, des rapports entre patrons et ouvriers! Le groupement des formes économiques ne saurait donc, sans de graves inconvénients, être fait à la légère, et il importe grandement, au contraire, à l'économiste, d'apporter un soin minutieux à toutes les classifications qu'il compte présenter.

L'opération inductive exige peut-être plus de précautions encore. C'est celle où les erreurs sont les plus aisées et les plus fécondes en funestes conséquences. Notre esprit a une tendance à généraliser les remarques qu'il tire hâtivement d'un fait particulier et on ne saurait trop le mettre en garde contre ces conclusions prématurées. S'il y a tant de « lois » contestables en économie politique, c'est qu'elles ne reposent pas sur une enquête assez étendue ni assez approfondie. En établissant sa loi de la population, Malthus avait surtout en vue un phénomène particulier, le doublement récent du chiffre des habitants des États-Unis en vingt-cinq ans. La baisse rapide du taux de l'accroissement de la population en France, au cours de ce siècle, a ôté chez nous tout crédit à ses fameuses progressions. Ricardo, en proclamant sa loi de la rente, était dominé par le fait de l'élévation du revenu foncier en Angleterre vers la fin du XVIIIe siècle. Carey lui a prouvé que l'évolution de la culture était, en Amérique, l'inverse de ce qu'il avait cru, ce qui bouleversait, pour ce pays tout au moins, la notion de la rente du sol. Sans doute, ces faits qui vinrent renverser les théories de Malthus et de Ricardo ne se produisirent, au moins le premier, qu'après la formation de ces théories. Mais des faits analogues à eux existaient déjà ailleurs, et les deux écrivains anglais eussent pu les connaître. En tous cas, ils avaient eu le grand tort de s'exposer volontairement à un démenti immédiat de l'expérience, en se confinant dans l'étude d'un coin étroit de la réalité. Pareillement, la loi d'airain de Lassalle se trouve réfutée par la hausse constante des salaires industriels en France, que son auteur aurait pu apprendre, mais qu'il s'interdisait d'avance d'expliquer, s'étant enfermé dans l'apriorisme exclusif de sa formule. Ainsi les « lois » d'ordre scientifique proposées par des économistes se trouvent souvent viciées par la base, faute de s'appuyer sur un nombre suffisant de faits bien établis. On voit donc que nous avions raison de déclarer que ce qui manque encore le plus à l'économie scientifique, c'est un recueil complet d'observations sagacement faites et dûment vérifiées.

Nous n'avons rien dit encore d'une dernière méthode, la déduction. C'est que le moment d'en parler n'était pas venu. La déduction ne saurait en effet, à nos yeux, être considérée comme le procédé fondamental et premier de la science économique, ainsi qu'on le pense encore parfois. Pour déduire, en effet, il faut avoir des principes généraux sur lesquels asseoir le raisonnement. Or ces principes généraux ne peuvent être atteints que par l'induction. Mais celle-ci suppose faites avant elle l'observation et la classification. On voit donc que la *déduction* n'est que le dernier terme de la série. Elle est même, il faut le reconnaître, d'un emploi particulièrement délicat et dangereux. Car d'abord elle ne peut mener à aucun résultat sérieux, si son point de départ n'est pas assuré. Or nous venons de voir que l'induction économique est encore bien loin de nous avoir donné un ensemble de lois scientifiques prouvées d'une façon définitive. D'un autre côté, même sur des principes certains, on ne peut pas, par le seul raisonnement, établir en matière sociale des conséquences également certaines. Il est bien vrai que, en logique pure, tous les corollaires d'une vérité sont vrais. Mais, en fait, dans la vie infiniment complexe des sociétés, un principe est à chaque instant limité dans son application par un ou plusieurs autres. Aussi les propositions qui dérivent logiquement d'une proposition vraie, peuvent-elles être elles-mêmes beaucoup trop absolues, et ne doivent-elles dès lors être affirmées qu'après qu'on a, par l'observation des faits, vérifié les indications du raisonnement. Dans cette mesure seulement, la déduction peut rendre des services. On voit que, bien qu'elle garde sa place dans la science économique, il s'en faut de beaucoup que cette place doive être la plus grande, en une science qui aurait un sentiment très net de ses besoins actuels les plus profonds.

CHAPITRE X

LA MÉTHODE DE L'ART ÉCONOMIQUE

Après les procédés de la science économique, il nous faut en venir à ceux de l'art correspondant. Le sujet offre, à coup sûr, plus de difficultés encore que le précédent. La logique de l'action est, en effet, moins avancée que celle de la connaissance (1), soit parce qu'elle a moins souvent appelé les efforts des chercheurs, soit parce qu'elle s'attaque à une matière qui pourrait être par elle-même plus complexe et plus ardue. Quoi qu'il en soit, nous allons indiquer comment, suivant nous, doivent procéder l'art, et aussi la pratique, qui en est inséparable.

(1) Constatation que nous empruntons à M. A. Espinas, *Histoire de l'Economie Politique*, conclusion.

Les opérations générales de l'art ont déjà été indiquées dans leurs principes. Elles sont au nombre de trois, formant un rigoureux enchaînement. L'art d'abord recherche les besoins à satisfaire. Il en fait une revue aussi complète que possible ; mais il ne se borne pas à les compter, il veut surtout les peser ; il se demande quels sont ceux qui sont fondamentaux et les place au premier rang ; il relègue les autres aux rangs suivants ; il en écarte même absolument quelques-uns, lorsqu'ils lui paraissent inconciliables avec le maintien d'une vie sociale sagement ordonnée. Le résultat de cette première opération est de formuler l'idéal à poursuivre, idéal complexe d'ailleurs, mais dont toutes les parties ont été de la sorte hiérarchisées.

La seconde opération est la découverte des moyens propres à atteindre ces fins. Nous avons déjà vu que l'intelligence vient ici au service de la volonté. Nous avons également indiqué que, de la sorte, elle réagit sur celle-ci : car la volonté, si elle est saine, sera amenée à abandonner ceux de ses projets dont la réalisation aura paru à l'intelligence impossible ou trop difficile. La réunion et la mise en ordre des procédés d'action, des « voies et moyens », est certainement l'une des tâches les plus délicates de l'art. Ce n'est presque rien, en effet, d'avoir un but, le tout est de savoir y parvenir.

Enfin, de la combinaison des deux précédents efforts, va jaillir, par une troisième et dernière opération de l'art, la conclusion qu'il veut formuler : le précepte d'action. En premier lieu nous voyons ce qu'il conviendrait de chercher ; en second lieu nous apprenons comment il serait possible de l'obtenir ; ce qui apparaît enfin dans notre esprit, c'est la résolution de faire ceci ou cela pour y atteindre. Il y a là un raisonnement à trois termes, et comme une sorte de syllogisme d'un genre tout spécial. La majeure est à un mode original, l'optatif ; la mineure (fournie par la science) est à l'indicatif ; la conclusion (résultat propre de l'art) est à l'impératif. Elle constitue une règle de conduite ; elle marque la volonté de se conformer à telles et telles conditions pour réaliser tel ou tel projet. En un mot donc : le but, — les moyens, — l'ordre (donné à soi-même ou à autrui) de prendre ces moyens en vue de joindre ce but, voilà le syllogisme de l'action.

Syllogisme qui n'a rien à voir, il est vrai, avec celui de la scolastique ! John Stuart Mill en avait déjà aperçu les propriétés curieuses. M. Tarde y a récemment insisté (1), en montrant que sa ma-

(1) Dans sa *Logique sociale*.

jeure formule des désirs, et que sa mineure traduit des croyances. Le premier point est évident; le second apparaît tout aussi vrai, si l'on réfléchit que nos jugements sur la valeur des moyens à employer ne sont jamais que le résultat d'opinions, de croyances subjectives. Enfin, il faut ajouter que la conclusion exprime une volition. De la sorte sera défini le raisonnement spécial qui aboutit à fixer une loi à l'activité humaine.

Une question doit ici nécessairement être posée. Ces lois de l'art sont-elles, doivent-elles et peuvent-elles être universelles? Nous n'hésitons pas à répondre par la négative. Le temps est passé où l'on croyait pouvoir enfermer dans une formule unique et très simple la solution de toutes les difficultés qui se présentent au cours de l'existence entière. Vouloir donner de semblables formules, c'est se condamner bien volontairement à les voir rejetées par ses semblables. Car chaque esprit a sa forme particulière ; et comme nécessairement les formules unilatérales portent surtout l'empreinte de ce qu'il y a d'original dans l'esprit de leurs inventeurs, il est inévitable que presque tous les autres hommes, en ces temps de libre examen et de libre détermination, se refusent à les adopter. Le seul moyen donc de trouver un principe dont chacun veuille et puisse s'accommoder, c'est de lui laisser une certaine souplesse permettant l'introduction des exceptions nécessaires, ou plutôt même d'y prévoir par avance une certaine variété de circonstances, pour chacune desquelles la règle prendra un aspect particulier, l'initiative individuelle pouvant encore la modifier par voie d'analogie, en présence de circonstances non prévues. A coup sûr, on n'atteint pas ainsi la rigidité architecturale si frappante dans les systèmes d'art économique, moral ou politique, construits par les penseurs du XVIIIe siècle. Mais, si cette rigidité n'était obtenue qu'au prix de la solidité de l'édifice, on ne saurait la regretter. La plasticité est la condition même de la vie. Or, pour une règle d'action, vivre, c'est être appliquée. Il faut donc qu'elle garde quelque plasticité si elle veut être susceptible d'une réalisation efficace.

Si la science complète et achève l'expérience, l'art au contraire n'est point le terme d'une série ; il a besoin d'être complété lui-même par la pratique, car ses préceptes ne valent que s'ils sont réalisés. Aussi est-il nécessaire de dire ici un mot de la pratique. Celle-ci, du reste, ne se comporte pas autrement que l'art lui-même. Elle prend comme point de départ (nous supposons bien entendu qu'il s'agit de la pratique raisonnée, non de la pratique empirique, au sens où nous avons défini ces termes dans notre chapitre III) les résultats mêmes de l'art, les règles générales d'action qu'il formule. Elle cherche ensuite si les circonstances de fait permettent de les réaliser, en quelle mesure et de quelle façon. Elle peut être ainsi amenée à en modifier l'application ou parfois même à y renoncer. Enfin, une fois posé le devoir et constaté le possible, elle réalise le premier dans la limite du second. On peut donc dire, en somme, qu'elle opère une combinaison des préceptes généraux de l'art et des nécessités particulières de la situation, tout comme l'art combinait les aspirations générales de l'homme et les données générales de la science. Le procédé est le même, au degré près.

Seulement, l'art vit tout entier dans le général. Il aboutit à des déterminations purement mentales. La pratique au contraire est plongée dans le particulier et le concret. Elle mène à des réalisations matérielles. De là vient qu'elle a beaucoup plus directement à compter avec les obstacles ambiants, et que l'habileté y tient au moins autant de place que la hauteur des vues. Le praticien, pour réussir, doit posséder à un haut degré les qualités de l'homme d'action : promptitude de décision, sang-froid, énergie, et, si possible, finesse. Il est évident d'ailleurs qu'il doit être fort bien renseigné. Comme il a à agir sur les individus, il faut qu'il connaisse la situation personnelle de chacun d'eux. C'est pourquoi les monographies deviennent ici très utiles. Elles permettent, quand on a affaire à un groupe ou à un homme isolé, de savoir rapidement à fond ce qui le concerne, en laissant provisoirement de côté tout ce qui n'est pas lui. Elles ont donc pour la pratique plus de valeur encore que pour la science. — Ce mode de procéder d'une façon concrète et particulière, qui est celui de la pratique, la devrait mener tout naturellement à agir expérimentalement. M. Léon Donnat a montré (1) que le législateur, par exemple, aurait d'habitude avantage à limiter l'action des mesures qu'il adopte, à un point déterminé du territoire : on verrait par là si le reste est préparé à les recevoir. A cette sorte d'expérimentation, qu'il nomme la « législation séparée », s'en pourrait joindre une autre, qu'il appelle la « législation temporaire ». La mesure ne serait établie que pour un certain temps, afin qu'on puisse juger de ses effets, et il faudrait ensuite une disposition expresse pour la continuer. Ce sont là procédés qui s'accordent si

(1) Dans son livre intitulé : *la Politique Expérimentale*.

complètement avec l'essence même de la pratique sociale, qu'on s'étonne de ne pas les trouver plus souvent employés dans des pays où depuis longtemps les gouvernements veulent passer pour éclairés.

Le législateur, certes, ne suit que trop rarement cette voie. Presque toujours, au mépris de la nature essentiellement particulière et temporaire qui convient à la pratique, il procède par dispositions générales et (il le voudrait du moins) permanentes. Sans doute, il peut avoir pour cela d'assez bonnes raisons : celle, par exemple, de faire ou de maintenir l'unité de la patrie. Quand il agit de la sorte, et c'est l'ordinaire, il use moins de la méthode de la pratique que de celle de l'art, celui-ci aboutissant, nous l'avons montré, à des prescriptions générales. Cette façon de faire se justifie quand il y a lieu de poser dans une loi des principes ; lorsqu'au contraire il n'y a plus qu'à en régler l'application, ce pourrait être le lieu de ne statuer que pour un point et pour un temps déterminés. Mais dans la fixation des principes surtout, le législateur doit agir avec prudence. Il convient qu'il se soit enquis à l'avance de l'état exact des besoins ressentis et des moyens généraux d'y faire face. Ici, puisqu'il opère par masses, c'est à la statistique qu'il doit demander ses renseignements. Celle-ci a donc, pour l'art, la même valeur que la monographie pour la pratique. On a fort bien établi, dans un travail récent (1), qu'aucun service public ne peut s'assurer dans sa marche sans s'éclairer sur les résultats statistiques de son fonctionnement antérieur et sur les chiffres des individus et des choses avec lesquels pourrait le mettre en contact son fonctionnement futur. La science apparaît ainsi comme le guide constant de l'art et de la pratique économiques. L'importance de cette vue nous semble exiger que nous fassions de son développement le sujet d'un chapitre spécial.

(1) Fernand Faure, *la Statistique et la Démocratie* (Revue Politique et Parlementaire, mars 1895).

CHAPITRE XI

L'APPLICATION DE LA SCIENCE A L'ART ET A LA PRATIQUE ÉCONOMIQUES

Il n'est personne, à coup sûr, qui n'admette, en principe, la nécessité de se renseigner avant d'agir, en matière économique comme en toute autre matière. Mais nous voyons cette règle violée chaque jour, aussi bien par le législateur (1) que par les particuliers. Qui plus est, des réformateurs dont le nombre semble augmenter chaque jour, nous apportent des projets de refonte intégrale de la société, où leurs vues personnelles sont presque

(1) En parcourant les travaux préparatoires des lois même les plus récentes, on est frappé de la pauvreté des indications statistiques que fournissent les auteurs des propositions. Voir notamment, à cet égard, ceux de la loi sur les habitations ouvrières, votée le 30 novembre 1894.

tout, où la constatation des faits, dans leur complexité et leur variété infinie, ne joue, pour ainsi dire, aucun rôle. Il paraît indispensable d'arrêter les théories d'art et les réalisations de la pratique sur cette voie dangereuse où elles glisseraient jusqu'aux abîmes. Et c'est pourquoi, après avoir consacré la plus grande partie de ce travail à la distinction — trop méconnue — de la science et de l'art, nous en voulons au moins consacrer un chapitre à montrer leurs rapports — trop oubliés également —, en nous confinant cette fois d'une manière rigoureuse sur le terrain éconómiique.

La division de l'économie politique qui nous paraît la meilleure est celle qui distingue quatre phénomènes fondamentaux : la production (comment naissent les richesses?) ; la circulation (comment elles se transmettent ?) ; la distribution (entre quelles mains elles aboutissent?) ; la consommation (comment elles sont utilisées ou englouties ?). Suivons donc cette classification, pour montrer que, dans chacune des sections de l'économie politique, l'art et la pratique se doivent constamment inspirer des résultats acquis par la science.

I

En ce qui concerne la première d'entre elles, l'une des questions qu'on y agite le plus fréquemment est celle de savoir laquelle vaut le mieux de la grande ou de la petite production, nous voulons dire de la production en commun ou de celle du travailleur isolé. C'est là une question d'art, puisque sa solution est destinée à inspirer une série de mesures pratiques pour développer celle des deux formes de la production qui sera jugée préférable. Mais on sent bien que cette solution dépend de la connaissance exacte des résultats acquis jusqu'à présent par l'une et l'autre forme, connaissance qui relève de l'enquête scientifique. Et lorsqu'on se met à cette étude scientifique, on saisit rapidement que les solutions simplistes du problème d'art, qui paraissaient séduisantes à première vue, doivent être abandonnées. Car on est tout d'abord amené à distinguer entre la production agricole et la production industrielle, l'évolution naturelle qui semble conduire à la concentration de celle-ci étant beaucoup moins manifeste pour celle-là. Puis, dans chacune de ces deux branches, il faut noter non seulement les résultats matériels, mais aussi les effets moraux des deux formes de la production : car le travail en grand aurait beau accroître la somme des produits, il ne pourrait être encouragé sans réserves, s'il était établi qu'il conduit le travailleur à une trop grande dépendance, à l'inconscience et à l'abrutissement, ou qu'il le pousse à la haine du patron et à la révolte contre l'ordre social. En outre, il y aurait encore lieu, en ce qui concerne les résultats matériels, de distinguer entre le produit net et le produit brut de l'exploitation : ainsi il semble que la grande et la petite culture donnent des produits nets à peu près équivalents, mais que celle-ci fournit un produit brut beaucoup plus considérable, lui permettant de nourrir les travailleurs agricoles et leurs familles avant tout envoi de denrées sur le marché, ce qui constitue incontestablement pour elle un avantage vis-à-vis de la grande culture. Il faut, de toute évidence, que la science nous ait fixés sur tous ces points d'une manière précise, avant que l'art puisse se prononcer, par une formule unique ou par des distinctions, sur la question qui lui est posée. Et notons que la science n'est pas encore aussi complètement outillée qu'il le faudrait, pour nous renseigner sur tous ces problèmes. La statistique atteint bien les produits nets, et encore non sans difficultés et erreurs. Mais les produits bruts lui échappent. Et quant aux résultats moraux de la production, on sait que la statistique des faits mentaux n'existe pour ainsi dire pas, et que son principe même a peine à se faire accepter. En tous cas, on peut dire que les résultats obtenus par la science, si précaires qu'ils soient, constituent pourtant la seule base sur laquelle l'art puisse s'appuyer pour donner une réponse — provisoire, à coup sûr — à la question précitée.

Bien d'autres problèmes d'art se posent d'ailleurs à propos de la production. Convient-il, par exemple, de limiter la durée de la journée de travail ? L'initiative privée doit-elle agir à cet égard ? Et, si elle se montre indifférente ou impuissante, l'État peut-il et doit-il intervenir ? Le maximum sera-t-il le même pour les deux sexes et pour les différents âges ? ou faut-il, au contraire, avoir des maxima variables pour l'homme et la femme, pour l'adulte, l'adolescent et l'enfant ? Convient-il, à cet égard, de faire une distinction entre les diverses industries ? De même, y a-t-il lieu d'introduire le principe du repos hebdomadaire obligatoire et uniforme ? L'hygiène de l'atelier et la sécurité du travailleur peuvent-elles être assurées par voie de règlements coercitifs et d'inspections ? Les mines, les machines à vapeur, les établissements dits insalubres, comportent-ils une législation spéciale, et laquelle? — Toutes ces difficultés, on le sent immédiatement, ne sauraient être tranchées par un raisonnement *a priori*. Elles ne peuvent l'être valablement que par les faits. On observera les différentes conséquences produites, ici par les diverses réglementations, là par la liberté, sur l'organisation industrielle, quant au rendement et à la prospérité de l'exploitation, quant à la santé, au bien-être et à la moralité des travailleurs. On profitera des expérimentations faites, en divers lieux et en divers temps, sur toutes ces délicates questions. Une fois reconnues les solutions qui y ont prévalu, on ne cherchera à les appliquer à son pays et à son époque que s'il apparaît avec évidence que la dissemblance des circonstances n'y met aucun sérieux obstacle. C'est le seul moyen que nous connaissions de leur être, au point de vue qui nous occupe, sérieusement et durablement utile.

Autre point non moins controversé. Lequel vaut le mieux, du régime de l'entreprise ou de celui de l'association, celui-ci représenté actuellement par la société coopérative ouvrière de production? Seule encore, l'expérience peut nous le dire. Il faut voir à l'œuvre les coopératives, examiner leur passé et leur présent, pour pouvoir pronostiquer leur avenir. Peut-être le trouverait-on ainsi moins sombre que ne le veulent certains, moins riant cependant que d'autres ne le rêvent. En tous cas, c'est sur d'impartiales constatations qu'il faut s'appuyer pour conclure.

Enfin, la production ne pourrait-elle, comme plusieurs écoles le demandent, être socialisée, c'est-à-dire remise aux communes, puis aux États, et enfin un jour à la fédération internationale des Etats? Pour le savoir, examinons comment fonctionnent les services publics d'ordre économique. Pour la France, par exemple, voyons ce que coûtent et ce que rapportent les domaines de l'État, tels que les forêts; les monopoles, tels que le tabac, les allumettes, les poudres et salpêtres; les moyens de communication du genre des routes nationales, des postes, télégraphes et téléphones, des chemins de fer de l'État. A côté de leur bilan financier, dressons leur bilan moral, par le relevé des situations qu'ils donnent à leurs agents, et de la manière dont ceux-ci se comportent envers le public. Etendons, naturellement, notre enquête aux pays étrangers, non sans noter les différences de tempérament entre les peuples, auxquelles les différences dans ces régimes correspondent. Enfin, demandons-nous si, dans l'organisation générale qu'on nous propose pour la société nouvelle, il se trouvera vraisemblablement des raisons suffisantes pour que les choses se passent alors autrement qu'aujourd'hui? Ce sont là les recherches qu'un économiste sans parti-pris devra faire, pour être à même de juger, en connaissance de cause, les projets contemporains sur la socialisation de la production. Et il n'est que juste d'ajouter que, si les auteurs de ces projets se sont souvent dispensés de faire ces enquêtes, leurs adversaires les ont trop fréquemment imités, en se contentant de répondre, par une fin de non-recevoir aussi brève que dédaigneuse, à ce qui réclamait, après tout, un scrupuleux examen.

II

La circulation des richesses fournit à l'économiste de nombreuses occasions d'exercer l'ingéniosité de son esprit. La monnaie, les banques, le crédit, l'échange international réclament son intervention.

Doit-il y avoir, dans un pays, une seule ou plusieurs monnaies ayant cours légal ? Leur rapport peut-il être fixé d'une manière invariable ? Si l'une est dépréciée, quel remède y porter? Sur quelles bases et avec quelle extension une entente internationale, en matière monétaire, est-elle possible et désirable ?

D'un autre côté, des monnaies de papier peuvent-elles être sans danger lancées dans la circulation ? Si oui, est-ce à l'État de les émettre ? Au cas où des banques seraient chargées de ce soin, doit-on leur imposer certaines précautions, telles que le contrôle des représentants de l'État, ou une limitation du nombre des billets qui peuvent être émis, ou une certaine proportion entre ceux-ci et l'encaisse, ou la possession d'un nombre suffisant de titres de rente pour rassurer les déposants ? Le cours légal des billets peut-il parfois être transformé en cours forcé ?

Puis, en ce qui concerne les banquiers eux-mêmes, à quel taux fixer l'escompte ? Quel intérêt servi aux déposants ? Comment composer le portefeuille ?

Pour ce qui est du crédit en général, le taux de l'intérêt doit-il être libre ou non, en matière civile et en matière commerciale ? Le crédit foncier, le crédit agricole, le crédit populaire doivent-ils être encouragés, et comment ?

Doit-il exister des douanes intérieures ? Doit-il y avoir un prix maximum du pain et autres denrées nécessaires à la vie ?

Enfin, peut-on frapper de droits les produits

étrangers, dans l'intérêt des producteurs nationaux? Ces droits doivent-ils être prohibitifs, ou seulement compensateurs? à tarif fixe, ou à échelle mobile? spécifiques ou *ad valorem*? avec ou sans faculté d'admission temporaire, etc... ? Des primes aux producteurs nationaux ne les pourraient-elles pas avantageusement remplacer ? Et, si l'on se prononce au contraire pour un régime non protecteur, est-ce par traités de commerce qu'il faut procéder, ou la liberté commerciale sans conditions n'est-elle pas plus avantageuse encore ?

Nous ne saurions, évidemment, avoir la prétention de résumer ici, sur tous ces points, les indications de l'histoire. Disons seulement que, pour les premiers, on trouve, dans les mesures prises en 1865 et en 1878, l'exemple d'une consultation raisonnée des faits. Sur les seconds, l'expérience comparée du régime des banques en France, en Angleterre et aux Etats-Unis est assez concluante. Quant au troisième, les cotes des valeurs en bourse et les tableaux du cours du change seront les guides les plus précieux. En ce qui concerne la limitation du taux de l'intérêt, l'expérience est faite depuis des siècles. Pour les encouragements au crédit, elle se fait chaque jour grâce à des initiatives plus puissantes encore, semble-t-il, en Allemagne et en Italie qu'en France. Les douanes intérieures et le maximum ont leur histoire. Enfin, si les résultats du système relativement libre-échangiste étaient connus dans notre pays, ceux du système protectionniste ont commencé à apparaître depuis la mise en vigueur du tarif général des douanes de 1892 et deviendront de plus en plus manifestes à tous les yeux.

III

A la distribution des richesses se rattachent, entre autres, les questions de salaire et, par contre-coup, les questions relatives à l'amélioration du sort des ouvriers.

Peut-on fixer un minimum de salaire ? L'ouvrier doit-il être payé au temps ou à la tâche ? Une échelle mobile est-elle souhaitable pour sa rémunération ? Est-il bon qu'il ait part aux bénéfices de son patron ? Et si cette participation est admise, les bonis doivent-ils lui être remis en espèces, ou versés à son nom dans une caisse d'assurances ou de retraites ?

Comment la prévoyance peut-elle être encouragée chez les travailleurs ? Sous quel régime convient-il de placer les sociétés de secours mutuel ? Et les caisses de retraites ? Et les sociétés d'assurances sur la vie, ou contre la maladie, les accidents, le chômage ? Les patrons et l'État doivent-ils contribuer à ces assurances, et pour quelle part ? S'agira-t-il d'une obligation morale ou d'une obligation légale ?

Il n'est pas de problèmes plus passionnants à l'heure présente que ceux-là. Il n'en est pas non plus pour la solution desquels on se doive entourer de plus de garanties. L'étude des conditions du travail dans tous les pays est indispensable pour ceux de la première catégorie. Heureusement les publications de l'Office du Travail français et des institutions similaires à l'étranger commencent à nous donner à cet égard les plus précieuses indications. — Quant aux questions de la seconde série, les conditions d'un bon perfectionnement de la mutualité et de l'assurance en notre pays sont de mieux en mieux connues grâce aux travaux des actuaires. Et le système d'assurance obligatoire inauguré par l'Allemagne et existant avec des variantes dans d'autres pays ne peut manquer de jeter aussi un jour extrêmement profitable sur les difficultés de cette espèce.

IV

Reste enfin la consommation. Quoique moins nombreux, les problèmes qu'elle soulève ne sont pas moins graves que les précédents.

Que penser du luxe ? Doit-il être favorisé ou restreint ? Faut-il encourager les étrangers à venir dans notre pays dépenser leur avoir, ou ce spectacle serait-il plutôt nuisible et démoralisateur ?

L'épargne constitue-t-elle un bien ou un mal ? Et si c'est un bien, comment la développer ? Les caisses d'épargne doivent-elles être publiques ou privées ? Quel intérêt doivent-elles servir ? Quel maximum fixer aux versements ? Quel emploi faire des fonds des déposants ? Quelles garanties prendre contre la réclamation simultanée de tous les dépôts ?

Enfin, quelle part contributive l'État est-il en droit d'exiger de chaque citoyen pour le fonctionnement des services publics ? L'impôt doit-il être unique ou multiple ? Sur le capital ou sur le revenu ? Personnel ou réel ? Sur le revenu global ou sur les divers revenus ? Sur toutes les sources de revenus ou sur certaines seulement ? Proportionnel ou progressif ? De quotité ou de répartition ? etc..., etc...

Le questionnaire sur les impôts pourrait s'allonger à perte de vue, si nous voulions énumérer tous les aspects d'un problème aujourd'hui si fort controversé. Mais cette simple énumération suffit pour montrer combien l'intervention de la science est ici nécessaire. Il faut, en effet, de toute évidence, pour trancher ces difficultés, examiner les systèmes d'impôts existant ou ayant existé dans les divers pays, rechercher les résultats qu'ils ont donnés et les facilités plus ou moins grandes qu'il y aurait à les transporter, à l'heure actuelle, dans notre patrie. Il faut aussi interroger la statistique de la richesse en France, voir les formes qu'elle prend, les mains entre lesquelles elle se trouve, les possibilités en ce qui concerne les sacrifices à demander à ses détenteurs. Et il faut encore examiner l'état d'esprit de ceux-ci, pour savoir à quelles difficultés subjectives on se heurterait en voulant établir de nouveaux impôts, car celles-ci sont tout aussi graves que les difficultés objectives, l'assiette étant peut-être moins malaisée encore à établir que le recouvrement à opérer.

Nous aurions évidemment des remarques analogues à faire, si nous voulions dresser un questionnaire pour le problème non moins discuté de la colonisation. Le résumé en peut tenir dans cette simple constatation, qui synthétise d'ailleurs tout le présent chapitre : Il faut, pour bien faire, savoir avec précision ce qui s'est fait jadis, ce qui se fait ailleurs, ce qui se fait chez nous, connaître les conditions dans lesquelles notre action va s'opérer, les auxiliaires sur lesquelles elle peut compter, mais surtout les difficultés qu'elle rencontrera. Or, c'est à la science à nous fixer sur tout cela ; c'est donc à elle qu'il appartient d'éclairer la route pour l'art et pour la pratique.

CHAPITRE XII

CONSÉQUENCES DE NOTRE DOCTRINE

Avant de clore ce travail, il importe de se demander si la théorie qu'il a pour but de défendre ne peut se prévaloir que de la logique, ou si elle a en outre l'avantage de mener à des conclusions d'une portée plus tangible. Nous croyons que cette dernière proposition est la vraie, et nous allons nous efforcer de la démontrer en indiquant les applications qui nous paraissent sortir naturellement des principes que nous avons établis.

I

Tout d'abord, notre doctrine montre le lien de l'économie politique avec les autres disciplines.

Toutes les études sociales et même, on peut le dire, toutes les études, se divisent en deux branches : l'une adonnée à l'examen des faits, l'autre destinée à guider l'action. L'économie politique ne fait pas exception à cette règle, puisqu'elle comprend, elle aussi, une science et un art, et que le rôle de ces deux parties est précisément — nous l'avons établi à l'encontre des fausses distinctions courantes — de synthétiser le réel et de formuler l'idéal.

De la sorte, l'économie politique prend sa place dans le concert des connaissances humaines. Quelle est au juste cette place? Nous avons d'autant moins à y insister ici, que nous l'avons déjà précisée ailleurs (1). Qu'il nous suffise de dire, en deux mots, qu'elle se trouve, suivant nous, à la base de toutes les études sociales, parce que la première question pour une société, comme pour un individu, est de savoir de quoi elle vivra. La science économique est donc la première section de la sociologie générale ; et l'art économique, pour les mêmes raisons, devrait former la première assise de ce que nous avons proposé d'appeler la « sociotechnie générale. » (2)

(1) *La Sociologie et l'Economie Politique*, brochure (1894).
(2) *De Natura et Methodo Sociologiæ* (1896).

II

Notre théorie permet aussi de résoudre, de la façon la plus simple, le débat qui s'est élevé depuis près d'un siècle et qui dure toujours sur le caractère fondamental de la méthode en économie politique. Les uns disent que cette méthode doit être inductive, comme celle des sciences physiques et naturelles. Les autres soutiennent, à l'inverse, qu'elle doit être déductive, comme celle des mathématiques, de la morale et du droit. Nous espérons que ceux qui nous auront fait l'honneur de lire la présente étude répondront à cette question par une distinction. Oui, la méthode de la *science économique* est inductive, comme celle des sciences physiques et naturelles. Ou plutôt, elle procède par observation, elle tend à s'élever à la classification et à l'induction, elle n'entrevoit que dans le lointain le jour où elle pourra procéder par déduction sans danger (1). Mais d'autre part, la méthode de l'*art économique* est dès à présent et a toujours dû être déductive, parce qu'elle réside essentiellement dans l'emploi de cette forme de raisonnement

(1) Chapitre IX.

particulière que nous avons nommée le syllogisme de l'action. Et la méthode de la *pratique économique* est la même que celle de l'art dans ses grands traits (1). Induction et déduction trouvent donc, dès aujourd'hui, chacune leur place en économie politique, mais dans des domaines séparés.

III

Quelle est, maintenant, la valeur respective des deux branches de l'économie politique ?

A première vue, on est porté à penser que l'art économique a la valeur la plus haute. Il sert aux besoins de l'existence, puisqu'il dirige la pratique. La science, affaire de théorie pure, semble bien plus dénuée d'intérêt.

Mais il faut remarquer que ces notions ne seraient exactes, que si l'on avait une science et un art achevés. En ce cas, en effet, l'art pourrait être plus prisé, ayant un trait plus direct à la vie. Encore les bons esprits remarqueraient-ils qu'il n'a pu se constituer sans la science — puisque celle-ci fournit la mineure du syllogisme de l'action —

(1) Chapitre X.

et garderaient-ils pour elle, en conséquence, une partie au moins de leurs hommages.

Seulement, en réalité, la science et l'art économiques sont très loin d'être constitués. L'art en est même forcément plus loin que la science, puisque son progrès suppose le progrès antérieur de celle-ci. Les résultats acquis par la science, bien que restreints encore, ont une autre certitude que les préceptes que l'art se hasarde à formuler. Si donc on parle de la valeur que ces deux branches de l'économie politique possèdent actuellement, non au regard de la vie pratique, mais au regard de l'esprit, en d'autres termes de la satisfaction qu'elles peuvent procurer à celui qui n'y cherche que des doctrines bien établies, c'est alors à la science économique que l'avantage appartient sans contestation possible (1).

(1) Ajoutons que, théoriquement tout au moins, la science se suffit à elle-même, puisqu'on peut s'y livrer sans lui chercher d'applications; qu'au contraire l'art a besoin d'elle; qu'elle a donc de ce chef une sorte de valeur plus haute consistant dans son indépendance.

IV

Enfin, des considérations qui précèdent, une conséquence se dégage en ce qui concerne le mode d'exposition qui conviendrait à l'économie politique, soit dans des traités didactiques, soit dans l'enseignement, soit dans des discussions quelconques.

La science et l'art sont, quoique distincts, intimement liés. Il faut savoir, pour bien agir. Et d'autre part la principale prérogative de la science est de mener à l'action droite. Il nous semble donc que tout exposé économique devrait passer en revue les deux faces de la question — spéciale ou générale — qu'il se propose d'embrasser. Traite-t-on d'une institution ? On l'examinera d'abord du point de vue de la science. On se demandera ce qu'elle est dans le pays où l'on est placé : on partira des origines qu'elle y a eues, on la suivra dans ses évolutions successives, on décrira en détail l'état de choses actuel. Puis on s'enquerra de ce qu'elle est, ou des analogues qu'elle a, dans les pays voisins ou même éloignés. C'est l'application à l'étude scientifique de la large méthode d'enquête que nous avons préconisée. Il y aura lieu, ensuite, d'aborder la question d'art. On cherchera si tous les besoins auxquels cette institution correspond sont réellement satisfaits. On verra si d'autres, également respectables, ne sont pas lésés par son existence ou son développement immodéré. S'il y a lieu, on tâchera de découvrir des améliorations à l'aide de l'expérience des temps et des peuples. On formulera enfin des vues de réforme, qu'on livrera alors à la pratique, non sans lui avoir indiqué, quand ce sera possible, les meilleurs moyens de les réaliser, la voie expérimentale la plus courte à suivre ou la plus sûre. Et l'on aura ainsi envisagé dans la question considérée tout ce qu'il y avait d'essentiel à y voir, tout ce qu'une méthode rigoureuse prescrivait à l'investigateur de tâcher d'y éclairer. Celui qui se sera bien pénétré de la distinction et des rapports de la science et de l'art aura là, ce nous semble, quelque supériorité sur les autres, au moins pour la lucidité de son plan de recherches et, plus tard, de son plan d'exposition.

CONCLUSION

Au terme de cette étude, il convient de jeter un regard en arrière pour mesurer d'un coup d'œil d'ensemble le chemin parcouru. De fausses notions nous ont paru régner, chez certains économistes français, sur la distinction de la science et de l'art. Pour dissiper l'erreur, nous sommes remontés jusqu'aux principes constitutifs de la nature humaine. Tout son fonctionnement physiologique et mental nous a paru orienté autour de deux pôles, tendre à deux buts, l'emmagasinement d'une part, l'expansion de l'autre. L'esprit ne peut faire que deux choses, apprendre et agir. Ces deux formes de sa vie sont elles-mêmes susceptibles de degrés : l'expérience brute, la science, l'expérience réfléchie, d'un côté ; de l'autre côté, la pratique empirique, l'art, la pratique raisonnée. La seconde de ces séries ne peut se réduire à la première, car elle implique une réaction de l'homme sur les choses, tout à fait étrangère à la simple expérience et à la science pure. Mais elle s'inspire à chaque instant des termes correspondants de la première série, car l'action ne se peut exercer sans quelque connaissance.

Cette division de la science et de l'art s'opère spontanément dans toutes les branches d'études. Elle est faite depuis longtemps dans les disciplines qui traitent du monde inorganique et du monde vivant. Elle s'établit chaque jour davantage dans celles qui se consacrent au monde social. En ce qui concerne particulièrement l'économie politique, la séparation est devenue bien nette entre ceux qui se limitent à être sans parti-pris les investigateurs du réel et ceux qui au nom d'un idéal prêchent des réformes.

Sans doute, la science et l'art cherchent tous deux des lois. Mais les lois scientifiques sont des formules synthétisant les faits ; les lois de l'art sont des préceptes guidant la conduite. La science économique procède d'abord par observation : statistique et monographie, histoire et ethnographie, elle ne repousse aucune sorte d'informations. Les faits recueillis, elle les contrôle, les interprête, les classe, induit leurs lois, et seulement en dernier lieu peut raisonner sur leurs principes. L'art économique, au contraire, procède par construction. Il pose les aspirations idéales de l'homme comme majeure, les données du réel comme mineure, et il en déduit une formule générale d'action. La pratique s'empare de cette formule et, l'appliquant aux circonstances concrètes et particulières, s'efforce de la réaliser.

Quand ces vues seront admises, on comprendra, plus généralement qu'on ne le fait en France, la nécessité de faire précéder tout système d'art d'une étude scientifique approfondie des données existant sur la question ou les questions à résoudre. Moins attrayantes que les constructions de l'art, les recherches de la science ne sont pas moins indispensables : car sans elles, aucun progrès ne se peut solidement préparer. Elles ont d'ailleurs, elles aussi, leur intérêt, plus austère sans doute, mais aussi passionnant pour qui s'en est une fois pénétré. Nous voudrions qu'il y eût dans notre pays moins de rêveurs préoccupés de réformes chimériques et plus de chercheurs ardents à scruter les faits, les besoins réels et les moyens positifs de les satisfaire. Peut-être faut-il, pour cela, qu'on se soit habitué à se faire de la science une conception exacte, affirmant, avec sa vraie nature, son indépendance et sa dignité. Si notre étude avait pu contribuer à élucider en quelque mesure ce point capital, elle aurait atteint le but que nous nous sommes proposé.

TABLE DES MATIÈRES

Paris. — V. GIARD et E. BRIÈRE, Libraires-Editeurs, 16, rue Soufflot.

www.ingramcontent.com/pod-product-compliance
Ingram Content Group UK Ltd.
Pitfield, Milton Keynes, MK11 3LW, UK
UKHW031915260826
14628UKWH00003B/1197

9 782019 712617